“十二五”国家重点图书出版规划项目
北京市社会科学理论著作出版基金重点资助项目

GZC 高校主题出版
GAOXIAO ZHUTI CHUBAN

／总主编　韩　震／

社会主义核心价值观·关键词

文　明

李晓东　编著

中国人民大学出版社
·北京·

目　录

第一章

寻根溯源说文明

文明是社会进步的重要标志，也是社会主义现代化国家的重要特征。我们常说，中国是有数千年历史的文明古国。党的十八大提出积极培育社会主义核心价值观，“文明”也被作为社会主义核心价值观的重要内容。那么，什么是文明？文明对国家的意义何在？我们凭什么建设文明中国？我们应该怎样建设文明中国？……下面，我们一一寻找这些问题的答案。

一、文明的本质特征

在说明作为社会主义核心价值观的“文明”的本质特征之前，我们首先要解决的一个前提性问题，就是要说明什么是文明。对此，我们可以从两个方面来理解，一个是从学术研究的进展来认识文明，另一个是从日常生活使用习惯的角度来认识文明。

（一）从学术研究的进展来认识文明

如果从学术研究的角度考察，我们要明晰文明的概念，就不得不提及和文明密切相关的概念——文化。

从汉语的辞源看，“文化”有“人文化成”、“以文化人”的意思。《周易》的《贲卦·彖传》说：“刚柔交错，天文也。文明以止，人文也。观乎天文，以察时变；观乎人文，以化成天下。”这句话的意思是说：天生有男有女，男刚女柔，刚柔交错，这是天文，即自然；人类据此而结成一对对夫妇，又从夫妇而化成家庭，而国家，而天下，这是人文，是文化。人文与天文相对，天文是指天道自然，人文是指社会人伦。治国家者必须观察天道自然的运行规律，以明耕作渔猎之时序；又必须把握现实社会中的人伦秩序，以明君臣、父子、夫妇、兄弟、朋友等等级关系，使人们的行为合乎文明礼仪，并由此而推及天下，以成“大化”。按照这种理解，文化所讲的

"化"，只是与"天"对应的一种"化"人的方式而已。所以，在"天"和"人"之间，所有与"人"相关的，都可以称为文化。

基于对天人关系理解的差异性，研究者对文化的范围就有了不同的理解。于是，就有了所谓"大文化"、"小文化"之类的说法。"大文化"说将所有与人有关的东西全部视为文化的范畴，包括精神创造，也包括物质产品；"小文化"说则只把精神层面的内容理解为文化的意思。

文明，可以从与文化的比较中找到自己恰当的表达。文化与文明的关系，很多时候不好区分。因为很多学者在说明二者的时候，都是等而论之的。所以，我们只能从用词的细微差异上描述二者的不同。简单地说，我们可以这样表达：所有文明的东西，都是文化的范畴；但不是所有文化的东西，都可以称为文明。

例如，美国著名人类学家、民族学家摩尔根在他的代表作《古代社会》一书中，将人类社会早期历史划分为蒙昧时代、野蛮时代和文明时代三个阶段。这一观点得到了恩格斯的高度评价。

蒙昧时代始于人类的幼稚时期，终于陶器的使用，分为低级、中级、高级三个阶段。低级阶段终于食用鱼类和使用火，以采集野生植物为生；中级阶段终于弓箭的发明和使用；高级阶段终于陶器的发明和使用。

野蛮时代基本上是在原始氏族社会成长、发展直至鼎盛。它又分为低级、中级、高级三个阶段。低级阶段属于新石器时代，中级阶段属于青铜器时代，高级阶段属于铁器时代。野蛮时代是学会经营畜牧业和农业的时期，是学会靠人类的活动来增加天然产物生产的时期。人们能够磨制比较精细的石器，有了制陶术，学会了金属的炼制。人类开始游牧生活和大规模的田间耕作。此时私有制进一步发展，并且向阶级社会过渡。

而摩尔根自己对文明时代的评判是："自从进入文明时代以来，财富的增长是如此巨大，它的形式是如此繁多，它的用途是如此广泛，为了所有者的利益而对它进行的管理又是如此巧妙，以至于这种财富对人民说来已经变成了一种无法控制的力量。人类的智慧在自己的创造物面前感到迷惘而不知所措了。然而，总有一天，人类的理智一定会强健到能够支配财富，一定会规定国家对它所保护的财产的关系，以及所有者的权利的范围。社会的利益绝对地高于个人的利益，必须使这两者处于一种公正而和谐的关系之中。只要进步仍将是未来的规律，像它对于过去那样，那么单纯追求财富就不是人类的最终的命运了。自从文明时代开始以来所经过的时间，只是人类已经经历过的生存时间的一小部分，只是人类将要经历的生存时间的一小部分。社会的瓦解，即将成为以财富为唯一的最终目的的那个历程的终结，因为这一历程包含着自我消灭的因素，管理上的民主，社会中的博爱，权利的平等，普及的教育，将揭开社会的下一个更高的阶段，经验、理智和科学正在不断向这个阶段努力。这将是古代氏族的自由、平等和博爱的复活，但却是在更高级形式上的复活。”

蒙昧时代和野蛮时代都是人类文化的一个阶段，但都是没有达到“文明”的阶段。所以，它们只能称为“文化”，而不能被称为“文明”。

在后来的研究者那里，文化和文明的使用也是很不一致的。

著名历史哲学家斯宾格勒在他的代表作《西方的没落》中提出了这样一个观点：人类社会的发展，就是一种文化经历幼年、青年、中年到老年的阶段。当文化变成文明的时候，文化的生命就结束了。他列举了若干种文化变成文明的例子，都是想说明：到了文明的阶段，文化就失去了创新的活力。

有意思的是，视斯宾格勒为偶像的英国历史哲学家汤因比，则将文化和文明混在一起说，并认为世界的进步与发展只是取决于不同文明的挑战与应战。他认为，人类从古代到今天的各个社会，都曾经面临外来的挑战，如果内部少数具有创造力的精英能够根据外部环境的刺激和挑战做出适当的回应，甚至改变自身的体制进行应战；又假设这样的挑战不至过于沉重和超负荷（因为过于巨大的挑战可能毁灭一个社会），同时这样的挑战又不至于小到可以忽略不计（因为微小的挑战无法激励内部足够的动力），在一个适度的挑战中，就可以引发少数具有创造力的集团的回应，那么社会就进入了文明状态。

从以上几种观点，大家就可以看出，对于文化和文明的理解，是一件多么复杂的事情。从历史的进程来看，可谓仁者见仁，智者见智。

（二）从日常生活使用习惯的角度来认识文明

在日常生活的使用中，文明的含义也是十分复杂的。具体来说，可以包括以下几种情况：

其一，基于某一时段或者地域而产生的文化发展阶段。例如，西方文明、阿拉伯文明、东方文明等。在这种意义上的文明，是一个涵盖内容非常丰富的概念，与所表述的那个时间阶段或者地域的文化内涵几乎相当。这种表达和前面所说的学术研究的角度比较接近，我们使用这一语意的时候，也基本上是在指称某一类进入文明时代的文化形式。

其二，是相对于蒙昧和野蛮而言的人类文化状态。例如，某种文化形式“告别了蒙昧和无知，迎来了文明的曙光”，或者“努力创建文明城市”，等等。在这个意义上所使用的文明，并不是要表明前一种意思所要表达的文化总体的意思，而是要表达一种先进性，一种符合时代发展要求的属性。文明城市和不文明城市的区别，不在于地域的差异，而在于文明表现的程度。

其三，是指一种个人行为习惯。当某个人在日常生活中能坚持以一种知书达理的方式，处理人际关系，参与社会交往，我们则会将这种形态视为良好的行为习惯。在这个意义上，可以说文明的语言（“良言一句三冬暖”），也可以是文明的行为（过马路遵守信号灯指示、自觉排队等）。

很多时候，对于文明这个词的使用，我们并不严格区分前述三种不同的含义。之所以能够如此，是因为几种不同的用法之间往往也存在一些相互交叉或者相互补充的情况。这就提醒我们，在使用“文明”这个词的时候，尽可能分清楚我们要表达的核心意思。

二、文明的价值和作用

作为历史发展过程的沉淀与积累，文明具有十分重要的社会价值。一般来说，可以表现在以下几个方面。

（一）文明是国家或地区发展程度的象征

当我们认识一个国家的发展状况时，其在文明方面的表现是十分重要的因素和考察标准。这些表现，往往通过家族观念、工具、语言、文字、信仰、宗教观念、法律、城邦和国家等要素呈现。要认识某个国家或者地区的发展情况，就必须从文化形式的角度，考察其所处的年代以及发展的状态。所谓古代国家与现代国家的区分，并不只是时间顺序的概念，还包含了文化发展程度的意味在里面。有的研究者用生产工具等方式区别国家或者地区的发展，如石器时代、青铜器时代等，也是利用了这种特性。

对于文明出现的判定标准，主要是城市的出现、文字的产生、国家制度的建立。其中最重要的前提条件是城市的出现，可以说城市是文明的发源地。最早的文明是位于尼罗河流域的古埃及城邦，最早出现于公元前 4500 年。随着社会的发展与进步，人们具有了更多的可能和条件改善文明状况。城市的面貌，也就在这种改变中变得更加完善。

相关链接

庞贝古城

庞贝城位于意大利肥沃的小平原——坎帕尼亚的边缘，萨尔诺河的入海口附近。公元前 8 世纪建城，公元前 5 世纪起属于萨莫诺人。公元前 4—前 3 世纪时，经过三次罗马人与萨莫诺人的战争，庞贝成为罗马共和国的一部分，逐渐成为典型的罗马人的城市。这个小城只有 1.8 平方公里，但它所反映的所在地区文化还是很典型的。城市四周有坚固的石砌城墙围绕，城墙四周的总长度达 4 800 米，有八座高大的城门。城内有石块铺成的大街小巷，有笔直的马路，两层楼的长方建筑物，前面饰有精制雕像的水池，供奴隶主们使用的舒适浴室。还有一座可容两万观众的角斗场和一座体育场。庞贝古城，反映出公元 1 世纪时罗马奴隶制经济文化发展的盛况。庞贝古城的发现，为人们留下了一座研究古罗马的历史博物馆。公元 63 年，一场剧烈的地震给庞贝带来了巨大的灾难，但庞贝很快就被重新建立起来了。79 年维苏威火山爆发，一夜之间将庞贝活埋于火山灰下。1599 年，庞贝的遗迹重新被发现，1748 年庞贝城也被重新发现，成为一个凝固的文化符号，供我们探寻其秘密。

（二）文明是社会精神状态的集中表现

当我们进入一个社会组织的时候，首先会关注这个组织在精神状态层面所表现出来的一些东西。比如，我们到一个工厂，会关注厂房等设施，但我们更关注的是这个工厂里的整体精神状态、员工的人际关系等。一个充满进取精神的社会组织，其创新活力和产出，都要远远胜过那些人际关系紧张、文明表现不足的单位。甚至有些时候，有不少人宁可选择一份薪水不是很高但人际关系融洽的单位，也不愿意去虽然挣钱更多但人际关系高度紧张的单位。这就是基于社会精神状态进行的选择。

作为精神状态表现的“晴雨表”，文明可以在多个不同的层级上得以呈现。风土人情、风俗习惯让我们感受到一个社区的整体精神状态，谦虚礼让、彬彬有礼则可以让我们感受一个家庭或者班级的文明程度。是不是自觉排队，会不会遵守斑马线、一米线的规则，都会成为衡量文明的标尺，让我们对文明社会有直观而生动的认识。

相关链接

一米线也是文明线

目前，大多数银行营业窗口前都设有一米线，目的是保持公众距离，维护个人隐私。但有些时候，这个显示文明的一米线形同虚设。有时，一米线内会站好几个人，让正在办理业务的人没有安全感。居民们说，银行一米线可以说是人们在社会活动中的一条“文明线”、“道德线”。市民在进行日常社会活动时，应该彼此尊重，给别人留一个私人空间。一些市民不把一米线当回事，主要是保护个人隐私的意识太淡薄，没有认识到设有一米线的意义。一米线不仅是一种规则、一种距离，也带给人们一道安全屏障。虽然大家看似拉开了距离，但是增加了彼此的信任、尊重。也有人提出，银行的有关人员就应该采取有效措施，维护好办理业务的秩序，保护好每一位客户的隐私，让所有客户都有安全感。只有这样，一米线才能起到真正的作用。

（三）文明为社会发展提供助力

文明除了可以作为静态观察社会的标尺，还可以作为动态推动社会发展的推动力。在某种意义上说，积极向往文明、努力实现文明的社会氛围，可以营造一种气氛，让那些不能自觉遵守文明行为习惯的人对自己的做法产生约束力。这种规约作用，就是文明对于社会发展的推动力。

同时，文明本身随着社会发展所表现出来的进步与变化，也在一定程度上对社会发展有所推动。社会对文明的要求，会随着社会发展发生相应的变化。这些变化，可以让文明的表现形态发生变化。这些变化，对社会而言又是积极和有益的。文明示范的引领作用，也可以视为这种助力的表现形式。

相关链接

无边大爱白方礼

白方礼，一位普普通通的“三轮车夫”，曾获“劳动模范”荣誉称号。晚年创办“白方礼支教公司”，专门对贫困学生进行资助。1982 年，年迈的白方礼开始通过从事个体人力三轮车客运支教。自 1986 年至 1999 年，他省吃俭用，共积攒了 35 万元人民币，先后资助了近 300 名贫困学生的学费与生活费。有人计算过，在白方礼支教的 19 年中，若以每公里三轮车收 5 角钱计算，白方礼奉献的是相当于绕地球赤道 18 周的劳动量。2012 年，中央电视台感动中国人物评选，向白方礼特别致敬，并称像白方礼一样感人却未受到表彰的人们为“白方礼们”。这位充满大爱的老人，每每被人提起，成为时代精神的杰出象征，更成为文明行为的标尺。

三、作为社会主义核心价值观的“文明”

党的十八大提出三个“倡导”，以三个层面、24 个字的形式集中呈现了社会主义核心价值观的基本要求。而作为对于国家和社会具有重要价值的“文明”，则远在这个时间段之前就对我们的生活产生着深远的影响。

(一)“物质文明与精神文明”的“两手抓”

党的十一届三中全会以来，邓小平多次在不同场合提到“两手抓”的重要战略思想，为社会主义中国的发展提出了明确的方向。按照邓小平的观点，中国要实现持续发展，就必须坚持“两手抓”：一手抓改革开放，一手抓打击犯罪；一手抓经济建设，一手抓民主法制；一手抓改革开放，一手抓惩治腐败；一手抓物质文明，一手抓精神文明。在这一系列“两手抓”的方针中，关键是一手抓物质文明，一手抓精神文明，实质是协调两个文明建设的关系。坚持两手抓，两手都要硬，是我国社会主义现代化建设的一个根本方针。此后，我国的建设布局不断拓展，直到党的十八大明确提出的政治、经济、文化、社会、生态“五位一体”的格局，与“精神文明”相对应的内容，都是以“文化”的形式存在的。

社会主义核心价值观的提出与梳理，让我们在认识上有了一个较为显著的突破。从社会主义核心价值观的内容来看，与“物质文明”对应的是“富强”，与“精神文明”对应的是“文明”。精神文明是人们在改造客观世界和主观世界的过程中所取得的精神成果的总和。精神文明在社科文化方面，表现为社会的文化、智慧的状况，教育、科学、文化、艺术、卫生、体育等项事业的发展水平等，在思想道德方面则表现为社会的政治思想、道德面貌、社会风尚和人们的世界观、理想、情操、觉悟、信念以及组织性、纪律性的状况等。从这个意义上所讲的“文明”，也就与前述“五位一体”中的“文化”有了一个较好的呼应。

社会主义精神文明是人类精神文明发展的重要阶段，是当今社会精神面貌改善的发展助力。它以马克思主义为指导，是在社会主义制度下形成的人类历史上新型的精神文明，是社会主义社会的重要特征，是现代化建设的重要目标和重要特征。它包括思想道德建设和教育科学文化建设，渗透在整个社会主义建设之中，体现在政治、经济、文化生活的各个方面。

（二）党和国家将“文明”确立为社会主义核心价值观的主要考虑

有着五千年文明的中华民族，为什么今天还要把“文明”作为社会主义核心价值观的追求目标？这是因为：一方面，这里的“文明”指国家层面的文明。国家层面的文明包含思想道德建设和科学文化建设。文明是国家层面、社会层面、个人层面都要提倡的，各自内涵也互不相同。但它作为“国家层面的价值目标”，起着引领“社会层面的价值取向”和“个人层面的价值准则”的作用；另一方面，这里的“文明”指现代意义的文明，即“文化现代化”。它既要汲取我国古代文明的精华，又要吸收当代世界文明的成果。文明，对于国家而言，意味着高度繁荣的文化、高度自觉的精神；对于一个社会来说，意味着良好的秩序、优美的环境、淳朴的风气，人与人之间诚信友善；对于每一个公民来说，意味着比较高的精神文化修养，从言谈举止到内在心灵都追求美好。这样的文明境界，值得我们每一个人去不懈追求。

相关链接

改革开放以来精神文明建设方面的成果

——1986 年党的十二届六中全会《关于社会主义精神文明建设指导方针的决议》，提出五爱：爱祖国、爱人民、爱劳动、爱科学、爱社会主义。

——1994 年《爱国主义教育实施纲要》，提出新时期爱国主义的主题和爱国主义教育的内容。

——1996 年党的十四届六中全会《关于加强社会主义精神文明建设若干重要问题的决议》，提出“三德”（社会公德、职业道德、家庭美德）15 个范畴。

——2001 年 9 月 20 日《公民道德建设实施纲要》，提出 20 字、10 个范畴的“公民基本道德规范”。

——2006 年 3 月 4 日提出以“八荣八耻”为主要内容的社会主义荣辱观。

——2011 年党的十七届六中全会《关于深化文化体制改革推动社会主义文化大发展大繁荣若干重大问题的决定》，提出建设“社会主义文化强国”、“社会主义核心价值体系是兴国之魂”。

——2012 年党的十八大报告提出“全面提高公民道德素质”和“丰富人民精神文化生活”的任务，明确提出：要坚持依法治国和以德治国相结合，加强社会公德、职业道德、家庭美德、个人品德教育，弘扬中华传统美德，弘扬时代新风。

——2013 年 12 月，中央颁布实施了《关于培育和践行社会主义核心价值观的意见》，提出要通过道德教育引导人们向往和追求讲道德、尊道德、守道德的生活，推动形成奋发向上、崇德向善的强大力量。

权威声音

文明特别是思想文化是一个国家、一个民族的灵魂。无论哪一个国家、哪一个民族，如果不珍惜自己的思想文化，丢掉了思想文化这个灵魂，这个国家、这个民族是立不起来的。

——习近平

（三）对文明的理解不能“抽象化”

应该说，社会主义核心价值观的 24 个字，都有很坚实的学理支撑。但从理解与践行的层面来说，对社会主义核心价值观的认识，还必须与丰富的社会生活相联系。具体到文明，就不能只是抽象地谈论

"社会主义精神文明"，而应该具体化为寻常百姓可感可为的行为习惯。

按照现代定义，文明是人类改造世界的物质成果、政治成果和精神成果的总和，是社会发展和人类开化的进步状态和标志。核心价值观中将"文明"作为国家层面的价值目标，所指应该是宏观意义上的，既包括这三个大文明，也包括了具体的公民文明素养。文明是什么？在面对这个问题时，很多人都答不上来，但对什么是"不文明"却都能列举很多：公共场合大声喧哗、乱插队，旅游景区乱刻字，过马路时闯红灯、翻越栏杆，随地吐痰，随手乱丢垃圾，毁坏公共设施，侵占公共财产……随着我国经济快速发展和人民生活水平不断提高，如何引导公众增强文明意识，不断提升道德素养，更好地塑造和展示良好国家形象就成为"文明"指向的具体内容。就此而言，社会主义核心价值观的"文明"，是与每一位实践者的具体生活背景联系在一起的。医生做好救死扶伤，教师实现教书育人，是实现社会主义核心价值观的必然要求。

权威声音

师德是深厚的知识修养和文化品位的体现。师德需要教育培养，更需要老师自我修养。做一个高尚的人、纯粹的人、脱离了低级趣味的人，应该是每一个老师的不懈追求和行为常态。好老师要有"捧着一颗心来，不带半根草去"的奉献精神，自觉坚守精神家园、坚守人格底线，带头弘扬社会主义道德和中华传统美德，以自己的模范行为影响和带动学生。

——习近平

四、理解"文明"的系统论视角

在理解社会主义核心价值观中的"文明"的含义和价值的时候，

需要我们重视的一个问题，就是要将“文明”置于一个纵横交错的体系中，以系统论的视角理解其现实意义和价值。

（一）从纵向维度来说，“文明”是历史性的产物

社会主义核心价值观所讲的“文明”，是历史发展的产物，是优秀中华传统文化的必然延续。从这个意义上说，只有植根于中华文化的土壤，才是社会主义核心价值观所倡导的“文明”，只有与中华文化的价值有高度契合的“文明”，才是社会主义核心价值观想要达到的目标。

从历史发展的维度来说，这种“历史性”也决定了社会主义核心价值观建设的过程性。我们进行社会主义核心价值观建设，努力建设文明的国家、培养具有文明素养的公民，都要充分考虑这个过程性，要从这个过程性中理解“文明”的不断创新。过去—现在—未来，文明在不同的阶段、以不同的面貌实现共同的目的——人的发展。

相关链接

从法治宣传日到全国宪法日

2001年国务院决定将我国现行宪法实施日12月4日作为每年的全国法制宣传日，在这一天中部分民众可进法院参观。党的十八届四中全会提出了坚持依法治国首先要坚持依宪治国的要求，2014年10月23日党的十八届四中全会通过《关于全面推进依法治国若干重大问题的决定》，提出将这一天定为国家宪法日，11月1日全国人大常委会表决通过《关于设立国家宪法日的决定》，以立法形式予以确定。宪法是国家的根本大法，具有最高的法律效力，在社会主义法律体系中处于核心的地位。一切法律都是依据宪法制定的，宪法是一切法律的母法。一切法律、行政法规、地方性法规都不得同宪法相抵触。维护法制的权威，首先是维护宪法的权威。“宪法不是为了印在纸上、挂在墙上给人看的，但是多年

来，宪法的实施和保障是不完备的。”这种“违法可怕，违宪不可怕”的观念相当普遍。其实，违宪，是最严重的违法。宪法日的确立，正是我国社会发展历史性的进步与见证，更是党和国家对依法治国的坚强决心。

权威声音

习近平同志在同党外人士座谈时指出，实现党的十八大描绘的全面建成小康社会、加快推进社会主义现代化、实现中华民族伟大复兴的宏伟蓝图，要求全面深化改革。坚持和发展中国特色社会主义，不断推进中国特色社会主义制度自我完善和发展，进一步解放和发展社会生产力、继续充分释放全社会创造活力，要求全面深化改革。解决我国发展面临的一系列突出矛盾和问题，实现经济社会持续健康发展，不断改善人民生活，要求全面深化改革。中国共产党人干革命、搞建设、抓改革，从来都是为了解决中国的现实问题。可以说，改革是由问题倒逼而产生，又在不断解决问题中而深化。35 年来，我们用改革的办法解决了党和国家事业发展中的一系列问题。同时，在认识世界和改造世界的过程中，旧的问题解决了，新的问题又会产生，制度总是需要不断完善，因而改革既不可能一蹴而就，也不可能一劳永逸。

（二）从横向维度来说，“文明”是大系统中的要素

社会主义核心价值观是一个有着严格内在分层的体系化、系统化的价值观框架。在中国体系化的价值观框架之中，“文明”有自己明确的位置。这种位置的确定，决定了“文明”的培育和发展，不能脱离与其他要素的关联，不能自行其是。同时，社会主义核心价值观作为中国特色社会主义建设的“魂”与“本”，与社会主义核心价值观建设，又是相互作用的。从这个意义上说，对“文明”的正

确理解，又必须考虑中国特色社会主义的整体格局，考虑社会主义核心价值观所指向的国家建设的时代坐标，考虑我国的文明成就与世界的共同发展的现实关系。

从社会系统的维度来说，这种“系统性”也决定了社会主义核心价值观建设的范围。我们所要建设的“文明”，与我们国家的要求相联系，自然也就与我们国家的发展相一致。从这个意义上说，尽管我们要实现的文明对世界文明的总体发展进程有积极的促进，但二者还是有区别的。所以，我们不承认所谓“普世”的文明观，更不会接受某种自封先进的文明形式对我们的文明的否定与抹黑。

习近平同志说：“提高国家文化软实力，要努力展示中华文化独特魅力。在5 000多年文明发展进程中，中华民族创造了博大精深的灿烂文化，要使中华民族最基本的文化基因与当代文化相适应、与现代社会相协调，以人们喜闻乐见、具有广泛参与性的方式推广开来，把跨越时空、超越国度、富有永恒魅力、具有当代价值的文化精神弘扬起来，把继承传统优秀文化又弘扬时代精神、立足本国又面向世界的当代中国文化创新成果传播出去。”这是对社会主义核心价值观中的“文明”付诸实践的重要指导，也是我们理解这一关键词的根据。

相关链接

“第四个自信”

2014年12月20日下午，习近平同志来到澳门大学新校区横琴校区考察，在参与大学生“中华传统文化与当代青年”座谈会时再提“文化自信”。“一定要通过学习树立对五千多年文明的自豪感，树立文化的自信、民族的自豪感。”“五千多年文明史，源远流长。而且我们是没有断流的文化。建立制度自信、理论自信、道路自信，还有文化自信。文化自信是基础。”“中华文化渗透到中国人的骨髓里，是文化的DNA。”“文化自信”是继“制度”、“理论”

和“道路”自信后，习近平同志提出的“第四个自信”。《求是》刊文认为：“文化自信，是对自身文化价值的充分肯定，是对自身文化生命力的坚定信念。”百年历史，中国人经历了从傲慢到失落自信再到回归自信的曲折过程。目前，在“中国梦”的语境下，文化自信越发重要。文化自信来源于源远流长的民族记忆和圆融大气的中国智慧，来源于对中国特色社会主义道路的坚定信念，也会让我们在这一道路上走得更远更坚定。

权威声音

我们在建设具有中国特色的社会主义社会时，一定要坚持发展物质文明和精神文明，坚持五讲四美三热爱，教育全国人民做到有理想、有道德、有文化、有纪律……我们一定要经常教育我们的人民，尤其是我们的青年，要有理想。为什么我们过去能在非常困难的情况下奋斗出来，战胜千难万险使革命胜利呢？就是因为我们有理想，有马克思主义信念，有共产主义信念。我们干的是社会主义事业，最终目的是实现共产主义。这一点，我希望宣传方面任何时候都不要忽略。

——邓小平

第二章

诗书继世文明远

“忠厚传家远，诗书继世长。”中华文化以其博大精深的深厚底蕴和源远流长的持续传承，为中华民族的发展与延续奠定了文化基础，也给世界文化的百花园贡献了艳丽无比的耀眼亮色。从老子的“道可道，非常道”在清静无为背后蕴藏的深厚底蕴，到孔子“仁者爱人”在理性达观背后饱含的悲天悯人，都让我们深刻领略到中华文化在精神创造方面的深思熟虑；从《诗经》中“蒹葭苍苍，白露为霜。所谓伊人，在水一方”的优美意境到唐诗宋词的言简意赅、意境悠远，那些传世的文学名篇让我们对中华文化的功力与魅力有了新的认识；从陶瓷玉器的巧夺天工到亭台楼阁的精致安排，文化的韵味因文物的存在而固化为我们可以触碰和感受的有形存在；从都江堰的和谐安排到四大发明的重大贡献，中华文化为世界科技发展贡献了不可替代的智慧……这些不朽的贡献，成就了中华文化的历史辉煌，也成为中华民族民族创造力的见证和民族自豪感的源泉。

一、不朽的精神创造

关于中国哲学的有无与起点的问题，东西方学者存在不同的看法。而对于中国有无思想的问题，却没有一个人提出质疑。在英国伦敦大不列颠国家图书馆广场，矗立着世界十大思想家的塑像，其中就有代表东方思想的先哲孔子、老子和慧能，并列为“东方三圣人”。美国出版的《世界名人辞典》和英国出版的《人民年鉴手册》从贡献和影响方面列出世界十大思想家，孔子均位居于首位。在历史发展的长河中，先贤哲人的深思远虑为我们贡献了察己识人的深刻洞见，以及审时度势的深谋远虑。中国传统文化，尤其是作为其核心的思想文化的形成和发展，大体经历了先秦诸子百家争鸣、两汉经学兴盛、魏晋南北朝玄学流行、隋唐儒释道并立、宋明理学发展等几个历史时期。囿于篇幅限制，我们就撷取其中的部分精粹，见微知著，领略中华文化的独特魅力。以下，我们将以先秦诸子百家争鸣、两汉时期的儒学复兴、宋明时期的理学与心学等几个具有典型意义的思想发展片段，呈现中华文化的发展脉络。

（一）先秦诸子百家争鸣

春秋时期，作为国家标志的周王室日渐衰微，其结果就是诸侯纷起、战乱频仍。这种诸侯割据、分邦而治的格局，恰恰为不同思想的争锋留下了充分的空间。在这一时期，各种学派和观点纷纷亮相，都试图以自己的主张为当时的中国描绘一幅可以期待的未来蓝图。儒墨道法兵，各有千秋；名家、阴阳家，接连登场。

儒家的发展，始于孔子，兴于孟子和荀子。

孔子（公元前551—前479），名丘，字仲尼，鲁国陬邑（今山东曲阜市东南）人，春秋末期著名的思想家、教育家、政治家。作为杰出的思想家，孔子建立了以“仁”为核心的儒家思想体系，开创一代新风。作为杰出的教育家，孔子首创私学、广招学生，形成了“弟子三千，贤者七十二”的盛大场面。孔子虽然没有直接留下著述，但他修订六经，为儒家思想确立了核心和根本。而他的弟子及其再传弟子在孔子去世后整理的《论语》，更成为研究儒家思想必读的经典。孔子在世的时候，境遇并不理想，甚至有过“恢恢如丧家之犬，惶惶如漏网之鱼”的窘迫，但在其身后，盛名有加。孔圣人、至圣、至圣先师、万世师表、文宣皇帝、文宣王等称谓，让我们对这位思想家刮目相看。可以说，孔子不仅开创了儒学，也为中华文化的辉煌开启了大幕。

孟子（公元前372—前289），名轲，字子舆，战国中期鲁国邹（今山东邹县东南部）人，著名的思想家、政治家、教育家，孔子学说的继承者，儒家的重要代表人物。他继承了孔子“仁”的思想并将其发展成为“仁政”思想，被称为“亚圣”。孟子“民为贵，社稷次之，君为轻”的思想，与当政者的初衷大相背离，也就决定了他的观点在提出时就不被当权者重视。于是他效法孔子，通过收徒讲学、著书立说传播自己的思想观点。《史记》中说他“序《诗》《书》，述仲尼之意，作《孟子》七篇”。孟子的“老吾老以及人之老，幼吾幼以及人之幼”等观点，对中华传统文化中的“仁”进行了非常杰出的解读，也对后世产生了深远的影响，成为儒家学说的经典言论。也正是因为这一点，我们现在谈及儒学，通常将孟子与孔子相提并论，合称“孔孟”。

荀子（公元前 313—前 238），名况，字卿，战国末期赵国人，著名思想家、文学家、政治家，儒家代表人物之一。荀子曾三次出任齐国稷下学宫的祭酒。祭酒是古代飨宴时酹酒祭神的长者，后亦以泛称年长或位尊者。荀子的地位由此可见一斑。荀子对儒家思想有所发展，提出了富有特色的“明于天人之分”的自然观、“化性起伪”的道德观、“礼仪之治”的社会历史观，他提出的“人之性恶，其善者伪也”的命题，让我们对人性的复杂性有了更为深刻的认识，也成为“性恶论”的经典表达。

名言隽语

仁者不忧，知者不惑，勇者不惧。

——《论语·宪问》

相关链接

六经

六经的说法始见于《庄子·天运》篇，是指经过孔子整理而传授的六部儒家经典，即《诗》、《书》、《礼》、《乐》、《易》、《春秋》。《三字经》中的“诗书易，礼春秋，号六经，当讲求”，就是在说这六部经典。其中《乐经》已失传，《礼经》汉代是指《仪礼》，宋以后《礼经》一般是指《礼记》。

权威声音

孔子创立的儒家学说以及在此基础上发展起来的儒家思想，对中华文明产生了深刻影响，是中国传统文化的重要组成部分。儒家思想同中华民族形成和发展过程中所产生的其他思想文化一道，记载了中华民族自古以来在建设家园的奋斗中开展的精神活动、进行的理性思维、创造的文化成果，反映了中华民族的精神追求，是中华民族生生不息、发展壮大的重要滋养。中华文明，不仅对中国发展产生了深刻影响，而且对人类文明进步作出了重大贡献。

——习近平在纪念孔子诞辰 2 565 周年国际学术研讨会暨国际儒学联合会第五届会员大会开幕会上的讲话

道家在这一时期的发展，主要有两个杰出的代表人物，即老子和庄子。

老子（约公元前 571—前 471），姓李名耳，字聃，楚国苦县厉乡曲仁里（今河南鹿邑）人，我国古代伟大的哲学家和思想家、道家学派创始人，被尊为道教始祖。他的思想主要保存在《道德经》（又称《老子》）中。老子是一个具有传奇色彩的人物，关于他的身世和著作，都有很多争论。但不可置疑的是他的思想对中国文化发展的杰出贡献。《老子》以“道”解释宇宙万物的演变，“道生一，一生二，二生三，三生万物”，“人法地，地法天，天法道，道法自然”。“道”作为客观自然规律，同时又具有“独立不改，周行而不殆”的永恒意义。《老子》书中包括大量朴素辩证法观点，其学说对中国哲学发展具有深刻影响。

庄子，名周，字子休（亦说子沐），宋国蒙人。他是东周战国中期著名的思想家、哲学家和文学家，是道家学派的主要代表人物之一。庄周个性崇尚自由，在为官方面并没有得到比较好的发展，只做过宋国地方漆园吏，史称“漆园傲吏”，用当下时髦一点的话说，就是“史上最傲的漆园主管”了。现世的人们提起庄子，首先记起来的，不是他的这个小官衔，而是他以“逍遥”为标签的“出世”哲学。作为先秦道家学派的代表人物，庄子把道家思想发扬光大，在政治上主张无为而治，在人类生存方式上主张返璞归真。以此为根据，他提出人生的最高境界是逍遥自得，是绝对的精神自由，而不是物质享受与虚伪的名誉。庄子这些思想和主张，对后世影响深远，是人类思想史上一笔宝贵的精神财富。

儒家和道家之外，还有墨家、法家、兵家、阴阳家等诸多思想流派，在这一时期各领风骚、异彩纷呈，在当时贡献了杰出的思想，也为后世留下了不朽的思想财富。直至今日，我们都能从随处可见的生活点滴中，找到这一时期的杰出思想留下的影子。

（二）两汉时期的儒学复兴

秦王朝以摧枯拉朽之势完成了中国的统一，让中国社会进入了封建社会。但以焚书坑儒等事件为代表的思想破坏，也让这个只经历两代君主的短命王朝失去了传统文化的支持。西汉之后，统治者看到了传统文化的思想力量，更看到了秦朝暴政所无法征服的“民心”的重要性。于是，曾经被视为洪水猛兽的儒学，重新被推上尊崇的地位，直至无以复加的尊荣。这一转变，有一位思想家功不可没，这就是西汉时期的著名思想家、哲学家董仲舒。

董仲舒（公元前 179—前 104），广川郡（今衡水景县广川镇大董古庄）人，汉代思想家、哲学家、政治家、教育家。汉武帝即位后，让各地推荐贤良文学之士，董仲舒被推举参加策问。汉武帝连续对董仲舒进行了三次策问，基本内容是天人关系问题，所以称为“天人三策”。第一次策问，汉武帝问的主要是巩固统治的根本道理；第二次策问，武帝主要是问治理国家的政术；第三次策问主要是天人感应的问题。董仲舒在对策中，详细阐述了“天人感应”、“大一统”学说，并提出了“罢黜百家，独尊儒术”的建议。他以《公羊春秋》为依据，将周代以来的宗教天道观和阴阳、五行学说结合起来，吸收法家、道家、阴阳家思想，建立了一个新的思想体系，成为汉代的官方统治哲学，为当时社会的一系列哲学、政治、社会、历史问题作出了较为系统的回答。这些思想维护了汉武帝的集权统治，促进了当时社会政治和经济的稳定，也对后世影响深远。儒学在经历了焚书坑儒的毁灭性打击之后，再次成为显学，历数百年而不衰。

相关链接

鲁壁藏书

公元前213年前后，秦始皇采纳了丞相李斯的建议，禁止儒生以古非今，以私学诽谤朝政，下令焚烧除《秦史》以外的列国史记，对不属于博士官的私藏“诗”、“书”等也要限期交出销毁。这时，孔子的第九代孙孔鲋不忍书毁，便将《尚书》、《礼》、《论语》及《孝经》等经典偷偷地藏于孔子故宅的墙壁内，自己就跑到嵩山隐居去了。公元前154年，皇帝刘启将其子刘馀从淮南迁到了曲阜，封为鲁王，史称鲁恭王。鲁王好治宫室，据说他在扩建宫室拆除原孔子故宅时，忽闻天上有丝竹金石之声、六律五音之美，结果从墙壁里发现了数十篇经书。于是人们便把这些经书称为“孔壁古文”。到了金代，人们为了纪念孔鲋藏书，在孔庙里的孔子故宅内修建了殿堂，名为“金丝堂”，取的是传说中拆墙取书时天上有金石丝竹之声的意思。此后历代又多加重修，明弘治十三年重修孔庙时又将金丝堂迁往孔庙西路，而在原址上建起了诗礼堂，后来又在诗礼堂之后增建了鲁壁，作为纪念孔壁藏书的象征性遗址。鲁壁藏书起到了保护中华文化典籍的作用，清乾隆皇帝评论说：“经天纬地存千古，岂系恭王坏宅时。”

汉武帝接受了董仲舒的建议，并将之推行到治国实践中。最为显著的就是创立太学，这是中国历史上第一次出现的国家培养政治管理人才的官立学校。太学的建立是儒学教育官方化和制度化的标志。汉武帝时代，令天下郡国皆立学校，初步建立了地方教育系统，进一步推动了儒学的传播与发展。

（三）宋明时期的理学与心学

随着时光流转，到了宋明时期，中国思想界发展到比较成熟的阶段。以二程和朱熹为代表的理学思想，与以陆九渊、王阳明为代表的心学，各具特色，互有消长，构成了这一时期思想发展的独特风景。

理学又称道学，是以研究儒家经典的义理为宗旨的学说，即所谓义理之学。二程，即程颢和程颐，河南洛阳人，是北宋著名的理学家和教育家。程颢，字伯淳，又称明道先生。程颐，字正叔，又称伊川先生，曾任国子监教授和崇政殿说书等职。二人都曾求学于周敦颐，并同为宋明理学的奠基者，被世人称为“二程”，他们的学说也称为“洛学”。他们的理学思想主要见于《遗书》、《文集》和《经说》等，均收入《二程集》中。二程最高哲学范畴是“理”，它作为绝对本体而衍生出宇宙万物；他们的最高心理范畴是“心”，它作为“理”的等同物而产生人的形体：“有是心，斯具是形以生。”因此后世也称之为“身心之学”或“心性之学”。在学风上，两程提出了“穷经以致用”的主张，突破了汉学不敢独立思考的墨守成规的治学方法，不失为一大进步。

朱熹（1130—1200），字元晦，又字仲晦，号晦庵，晚称晦翁，谥文，世称朱文公。祖籍江南东路徽州府婺源县（今江西省婺源），出生于南剑州尤溪（今属福建省尤溪县）。宋朝著名的理学家、思想家、哲学家、教育家、诗人，闽学派的代表人物，儒学集大成者，世尊称为朱子。朱熹是程颢、程颐的三传弟子李侗的学生，历任江西南康、福建漳州知府、浙东巡抚，做官清正有为，官拜焕章阁侍制兼侍讲，曾为宋宁宗皇帝讲学。朱熹著述甚多，有《四书集注》、《太极图说解》、《通书解》、《周易本义》、《楚辞集注》，后人辑有

《朱子大全》、《朱子集语象》等。其中《四书集注》成为钦定的教科书和科举考试的标准。

朱熹的思想被尊奉为官学，而其本身则与孔子并提，称为“朱子”。朱熹是唯一的一位非孔子亲传弟子而享祀孔庙的人，位列大成殿十二哲者中。在元朝、明朝、清朝三代，理学一直是封建统治阶级的官方哲学。1313 年（元朝皇庆二年）复科举，诏定以朱熹《四书章句集注》为标准取士，朱学定为科场程式。1369 年（朱元璋洪武二年），科举以朱熹等“传注为宗”。

朱熹的哲学体系的核心范畴是“理”，或称“道”、“太极”。朱熹认为理比气更根本，逻辑上理先于气；同时，气有变化的能动性，理不能离开气。他认为万物各有其理，而万物之理终归一，这就是“太极”。理生气并寓于气中，理为主，为先，是第一性的，气为客，为后，属第二性。朱熹认为由对立统一，而使事物变化无穷。朱熹还论述了运动的相对稳定和显著变动这两种形态，他称之为“变”与“化”。朱熹继承了二程的说法，通过对“格物致知”的阐释，表述了自己的认识论思想。“格物致知”的具体内容是“穷天理，明人伦，讲圣言，通事故”。这里的“天理”主要是指仁、义、礼、智等封建道德，“人伦”、“圣言”、“事故”则是天理的阐发应用。在“知”“行”关系上，朱熹主张“知先行后”。

心学对世界的认识则与理学不同。他们以“心”作为认识世界的核心概念。这一思想的渊源，可以上溯至孟子，而形成体系则始于陆九渊。陆九渊（1139—1193），字子静，号象山，汉族，书斋名“存”，世人称存斋先生，抚州金溪（今属江西）人。他是南宋著名的理学家、思想家和教育家，宋明两代“心学”的开山之祖。他的学说，经后来多位大儒的继承与发扬，成为宋明理学的一个重要派别，对后世影响极大。陆九渊的心学，并未用“心”取代理学最高的“理”，而是通过解说和阐发孟子的言论，认为“心”是万物的本原。不仅如此，心还是社会道德原则的本质，是一种伦理性的实体，道德行为乃是它的外在表现。他融合孟子“万物皆备于我”和“良知”、“良能”的观点，以及佛教禅宗“心生”、“心灭”等论点，提出“心即理”的哲学命题，形成一个新的学派——“心学”。这一观点认为天理、人理、物理只在吾心中，心是唯一实在（“宇宙即是吾心，吾心便是宇宙”）；认为心即理是永恒不变的（“千万世之前，有圣人出焉，同此心同此理也；千万世之后，有圣人出焉，同此心同此理也”）。

相关链接

鹅湖之会

1175年（南宋淳熙二年），吕祖谦为了调和朱熹“理学”和陆九渊“心学”之间的理论分歧，使两人的哲学观点“会归于一”，于是出面邀请陆九龄、陆九渊兄弟，在信州（今江西上饶市铅山县鹅湖镇）鹅湖寺与朱熹见面。陆氏兄弟应约来到鹅湖寺，双方就各自的哲学观点展开了激烈的辩论，这就是著名的“鹅湖之会”。会上，双方各执己见，互不相让。此次“鹅湖之会”双方争议了三天，陆氏兄弟略占上风，但最终结果却是不欢而散。鹅湖之会是中国古代思想史上的第一次著名的哲学辩论会。朱、陆双方辩论的“为学之方”，表现出朱熹与陆九渊在哲学上的基本分歧点。陆九渊提出“先立乎其大”为出发点，认为自古以来圣人相传的“道统”只是“此心”，主张只有认识“本心”，才犹如木有根，水有源。朱熹认为先于物而存在的“理”在人的心中。如今，这座古寺被称为“鹅湖书院”。

王阳明，本名王守仁（1472—1529），幼名云，字伯安，别号阳明。浙江绍兴府余姚县（今属宁波余姚）人，因曾筑室于会稽山阳明洞，自号阳明子，学者称之为阳明先生，亦称王阳明。他是明代著名的思想家、文学家、哲学家和军事家，陆王心学之集大成者，精通儒家、道家、佛家。晚年官至南京兵部尚书、都察院左都御史。因平定宸濠之乱军功而被封为新建伯，隆庆年间追赠新建侯。谥文成，故后人又称王文成公。王守仁继承陆九渊强调“心即是理”的思想，反对程颐朱熹通过事物追求“至理”的“格物致知”方法，因为事理无穷无尽，格之则未免烦累，故提倡“致良知”，从自己内心中去寻找“理”，“理”全在人“心”，“理”化生宇宙天地万物，人秉其秀气，故人心自秉其精要。在知与行的关系上，他强调要知，更要行，知中有行，行中有知，所谓“知行合一”，二者互为表里，不可分离。知必然要表现为行，不行则不能算真知。严复说：“夫阳明之学，主致良知。而以知行合一、必有事焉，为其功夫之节目。”“独阳明之学，简径捷易，高明往往喜之。”阳明学是明朝中晚期的主流学说之一，后传于日本，对日本及东亚都有较大影响。

纵观中国文化史，几位先贤只是中国思想发展历程中的杰出代表。通过对这几位贤者思想的粗浅了解，我们可以深切地感受到中华文化在思想方面的博大精深。

二、流芳的传世名篇

有人说，中国文化是诗性的文化。从劳工号子的抑扬顿挫，到吟游诗人的长吁短叹，从诗经汉赋的雄壮气势，到唐诗宋词的意味无穷，都让人难以忘怀。这些作品，随着岁月的流逝，没有淹没于风尘，却如耀眼的明珠，闪耀着迷人的光芒。

（一）《诗经》

《诗经》是我国第一部诗歌总集，约成书于春秋时期，收集了自西周初年至春秋中叶500多年的诗歌305篇。先秦称为《诗》，或取其整数称《诗三百》、《三百篇》。西汉时被尊为儒家经典，才称为

《诗经》，并沿用至今。

孔门弟子中，子夏对诗的领悟力最强，所以由他传诗。到汉初，说诗的有鲁人申培公、齐人辕固生和燕人韩婴，合称三家诗。齐诗亡于曹魏，鲁诗亡于西晋，韩诗到唐时还在，而如今世上仅存《韩诗外传》十卷。至于当今世上流传的诗经，则是毛公（大毛公：毛亨，小毛公：毛苌）所传的毛诗。重要的注本有《毛诗正义》、宋朱熹的《诗集传》、清马瑞辰的《毛诗传笺通释》、清陈奂的《诗毛氏传疏》等。

《诗经》中最早的作品大约成于西周时期，根据《尚书》上所说，《豳风·鸱鸮》为周公旦所作。最晚的作品成于春秋中叶，据郑玄《诗谱序》，是《陈风·株林》，跨越了大约500年。《诗经》的作者亦非一人，产生的地域也很广。除了周王朝乐官制作的乐歌，公卿、列士进献的乐歌，还有许多原来流传于民间的歌谣。尹吉甫是中国历史上著名的政治家、军事家和文学家，《诗经》的主要采集者，被尊称为中华诗祖。尹吉甫出生于江阳（现泸州市），晚年被流放至房陵（房县古称），死后葬于今湖北房县青峰山。

《诗经》内容上分为风、雅、颂三部分。其中“风”是地方民歌，有十五国风，共160首；“雅”主要是朝廷乐歌，分大雅和小雅，共105篇；“颂”主要是宗庙乐歌，有40首。表现手法主要是赋、比、兴。“赋”就是铺陈（敷陈其事而直言之也），“比”就是类比（以彼物比此物也），“兴”就是启发（先言它物以引起所咏之词也）。《诗经》思想和艺术价值最高的是民歌，“饥者歌其食，劳者歌其事”，《伐檀》、《硕鼠》就是“风”的代表作。“风”、“雅”、“颂”和修辞手法“赋”、“比”、“兴”，合称《诗经》的“六义”。风、雅、颂，是诗经的体裁，也是诗经作品分类的主要依据。赋、比、兴，是诗经的表现手法，也就是现在所说的修辞。

“风”的意义就是声调。它是相对于“王畿”——周王朝直接统治地区——而言的，是不同地区的地方音乐，多为民间的歌谣。《风》是从周南、召南、邶、鄘、卫、王、郑、齐、魏、唐、秦、陈、桧、曹、豳15个地区采集上来的土风歌谣，共160篇，大部分是民歌。根据十五国风的名称及诗的内容可推断出诗产生于如今的陕西、山西、河南、河北、山东和湖北北部等地。

“雅”是“王畿”之乐，周人称为“夏”，“雅”和“夏”古代通用。雅又有“正”的意思，当时把王畿之乐看作正声——典范的音乐。周代人把正声称为雅乐，犹如清代人把昆腔称为雅部，带有一种尊崇的意味。

“颂”是宗庙祭祀的乐歌和史诗，内容多是歌颂祖先的功业的。《毛诗序》中说：“颂者美盛德之形容，以其成功告于神明者也。”这是颂的含义和用途。王国维说：“颂之声较风、雅为缓。”（《说周颂》）这是其音乐的特点。

赋即铺陈，也就是直接铺陈叙述。“赋者，敷陈其事而直言之者也”（朱熹《诗集传》）。赋是最基本的表现手法。如“死生契阔，与子成说。执子之手，与子偕老”，即是直接表达自己的感情。

比即比喻、打比方，也就是比喻之意，明喻和暗喻均属此类。“比者，以彼物比此物也”（朱熹《诗集传》）。《诗经》中用比喻的地方很多，手法也富于变化。如《氓》用桑树从繁茂到凋落的变化来比喻爱情的盛衰；《鹤鸣》用“他山之石，可以攻玉”来比喻治国要用贤人；《硕人》连续用“荑荑”喻美人之手，“凝脂”喻美人之肤，“瓠犀”喻美人之齿，等等，都是《诗经》中用“比”的佳例。

兴即烘托、衬托，也就是借助其他事物为所咏之内容作铺垫。“兴者，先言他物以引起所咏之词也”（朱熹《诗集传》）。如《关雎》开头的“关关雎鸠，在河之洲”，原是诗人借眼前景物以兴起下文“窈窕淑女，君子好逑”的，但关雎和鸣，也可以比喻男女求偶，或男女间的和谐恩爱，只是它的寓意不那么确定。

《诗经》全面地展示了中国周代时期（西周、东周春秋中期）的社会生活，真实地反映了中国奴隶社会从兴盛到衰败时期的历史面貌。其中有些诗，如《大雅》中的《生民》、《公刘》、《皇矣》等，记载了后稷降生到武王伐纣，是周部族起源、发展和立国的历史叙事诗；有些诗，如《魏风·硕鼠》、《魏风·伐檀》等，则以冷嘲热讽的笔调形象地揭示出奴隶主贪婪成性、不劳而获的寄生本性，唱出了人民反抗的呼声和对理想生活的向往，显示了奴隶制崩溃时期奴隶们的觉醒；还有不少诗表现了青年男女的爱情生活，如《秦风·蒹葭》表现了男女之间的追求；《郑风·溱洧》、《邶风·静女》表现了男女之间的欢会，《王风·采葛》表现了男女之间的相思，《卫风·氓》则抒写了弃妇的哀怨，愤怒谴责了男子的忘恩负义，反映了阶级社会中广大妇女的悲惨命运。

《诗经》对后世影响深远。孔子说："诗三百，一言以蔽之，思无邪。"他甚至提出："不学诗，无以言"，足见他对诗经的重视。梁启超认为："现存先秦古籍，真赝杂糅，几乎无一书无问题，其真金美玉，字字可信者，《诗经》其首也。"而鲁迅先生根据风、雅、颂三部分的实际内容，认为《诗经》是"中国最古的诗选"，"以性质言，风者，闾巷之情诗；雅者，朝廷之乐歌；颂者，宗庙之乐歌也"。19 世纪前期法国人比奥的专论《从诗经看中国古代的风俗民情》明确说明，《诗经》是"东亚传给我们的最出色的风俗画之一，也是一部真实性无可争辩的文献"。"以古朴的风格向我们展示了上古时期的风俗习尚、社会生活和文明发展程度。"作为中国文学的主要源头之一，《诗经》一直受到历代读书人的尊崇，已成为一种文化基因，融入华夏文明的血液。

（二）汉赋

汉赋是古典文学中一种影响深远的体裁。在战国时期，"赋"还只是古诗的一种表现手法。后来赋在先秦儒家荀子时成为一种文体，并在汉代领一时风骚。至唐时韩愈、柳宗元发动"古文运动"，骈文逐步失去正统地位。这对赋有一定的冲击，但宋后，赋依然是文人学士最喜欢采用的文体之一，主要是俳赋与文赋。

刘勰在其文学批评巨著《文心雕龙》里说“铺才摛文，体物写志”是赋之特征。前四字指的是赋的形式，后四字指的是赋的内容。《汉书·艺文志》载：“传曰：‘不歌而诵谓之赋。’”赋是一种不同于诗词，也不同于文的文体，介于二者间。

赋大致分为五种，也正是五个重要时期：西汉人将楚国诗人屈原、宋玉的作品也视为赋体，没有一定的限制性，这称作楚辞体的骚赋；汉赋篇幅较长，多采用问答体，韵散夹杂，其句式以四言、六言为主，但也有五言、七言或更长的句子，汉赋喜堆砌词语，好用难字，极尽铺陈排比之能事，却被后人视为赋体正宗，也称古赋；六朝赋是东汉抒情短赋的变体，其特点是篇幅短小，句式整齐，多为四言、六言骈偶组成，而又讲究平仄，通篇押韵，又称俳赋；唐宋又有律赋，题目、字数韵式、平仄都有严格限制；文赋是中唐以后产生的一种散文化的赋体，不刻意追求对偶、声律、词采、典故，句式错落多变，押韵较自由，甚至大量运用散文的句式，文赋实际上是赋体的一种解放，即所谓“盖文体通行既久，染指遂多，自成习套。豪杰之士，亦难于其中自出新意，故遁而作他体，以自解脱，一切文体所以始盛终衰者，皆由于此”（《人间词话》）。

到西汉时，赋已成为汉代文学的代表，乃至影响千年中国文学史。《汉书·艺文志》载：凡诗赋百六家，千三百一十八篇。其中宋玉的《风赋》、枚乘的《七发》、司马相如的《子虚赋》、东方朔的《答客难》、扬雄的《长杨赋》、班固的《两都赋》等，无一不是传世佳作。司马相如、扬雄、班固、张衡四人的作品，标志着汉赋的内容、风格的成熟，被称为“汉赋四大家”。我们仅以《两都赋》为例，来认识一下汉赋的成就。

《两都赋》是汉代文学家、史学家班固创作的大赋，分《西都赋》、《东都赋》两篇。据其自序，自东汉建都洛阳后，“西土耆老”希望仍以长安为首都，因作此赋以驳之。《西都赋》由假想人物西都宾叙述长安形势险要、物产富庶、宫廷华丽等情况，以暗示建都长安的优越性；《东都赋》则由另一假想人物东都主人对东汉建都洛阳后的各种政治措施进行美化和歌颂，意谓洛阳当日的盛况，已远远超过了西汉首都长安。后来张衡《二京赋》、左思《三都赋》，在形式上皆颇受其影响。

《西都赋》写长安都城的壮丽宏大，宫殿之奇伟华美，后宫之奢侈淫靡，也极尽铺排之能事，使作者着实表现出了写骈辞大赋的才能。但结果却不是写得越奢华便越体现着作者对它的赞扬，而是折之以法度，衡之以王制。《东都赋》写洛阳，虽也写宫室、田猎的内容，但比较概括，而从礼法制度出发，宣扬"宫室光明，阙庭神丽，奢不可逾，俭不能侈"，"顺时节而狩，简车徒以讲武，则必临之以王制，考之以风雅"。《西都赋》汪洋恣肆，气势和华彩充溢其间；《东都赋》则以平正典实见长，法度风范随处可见。作者大量运用对偶句式也使作品增色不少。

相关链接

班固其人

班固（公元32—92），字孟坚，扶风安陵（今陕西咸阳东北）人，东汉著名史学家、文学家。班固出身儒学世家，父亲班彪、伯父班嗣，都是当时著名的学者。建武三十年（公元54年），班彪过世，班固从京城迁回老家居住，开始在班彪《史记后传》的基础上撰写《汉书》，前后历时20余年终于完成。汉和帝永元元年（公元89年），大将军窦宪率军北伐匈奴，班固随军出征，大败北单于后撰就著名的《封燕然山铭》。后窦宪因擅权被杀，班固受株连，死于狱中。班固一生著述颇丰。作为史学家，《汉书》是继《史记》之后中国古代又一部重要史书，"前四史"之一；作为辞赋家，班固是"汉赋四大家"之一，《两都赋》开创了京都赋的范例，列入《文选》第一篇；同时，班固还是经学理论家，他编撰的《白虎通义》，集当时经学之大成，使谶纬神学理论化、法典化。

（三）唐诗

唐诗泛指创作于唐朝的诗。唐诗是汉民族最珍贵的文化遗产，是汉文化宝库中的一颗明珠，同时也对周边民族和国家的文化发展产生了很大影响。唐诗的形式是多种多样的。唐代的古体诗主要有五言和七言两种。近体诗也有两种，一种叫作绝句，一种叫作律诗。绝句和律诗又各有五言和七言之不同。所以唐诗的基本形式基本上有六种：五言古体诗，七言古体诗，五言绝句，七言绝句，五言律诗，七言律诗。古体诗对音韵格律的要求比较宽：一首之中，句数可多可少，篇章可长可短，韵脚可以转换。近体诗对音韵格律的要求比较严：一首诗的句数有限定，即绝句四句，律诗八句，每句诗中用字的平仄声有一定的规律，韵脚不能转换；律诗还要求中间四句成为对仗。古体诗的风格是前代流传下来的，所以又叫古风。近体诗有严整的格律，所以有人又称之为格律诗。

唐诗的风格是不断推陈出新的。它不仅继承了汉魏民歌、乐府传统，并且大大发展了歌行体的样式；不仅继承了前代的五言、七言古诗，并且发展为叙事言情的鸿篇巨制；不仅扩展了五言、七言形式的运用，还创造了风格优美整齐的近体诗。近体诗是当时的新体诗，它的创造和成熟，是唐代诗歌发展史上的一件大事。它把我国古曲诗歌的音节和谐、文字精练的艺术特色，推到前所未有的高度，为古代抒情诗找到一个最典型的形式。

唐代诗人诗派繁荣、人才众多。初唐时期，代表人物有“初唐四杰”（王勃、杨炯、卢照邻、骆宾王），以及陈子昂；盛唐时期有“边塞诗派”（高适、岑参为代表）与“田园诗派”（王维、孟浩然为代表）等，伟大的浪漫主义诗人李白和伟大的现实主义诗人杜甫也是这一时期的杰出代表；中唐时期成绩最卓著的要数白居易，刘禹锡、李贺等也成就突出；晚唐诗人较著名的有温庭筠、李商隐、杜牧、韦庄等，其中李商隐和杜牧被称为“小李杜”。

唐诗代表了中华诗歌的最高成就，无疑是世界文化发展史上最具文采的巍峨耸立的高峰。

相关链接

《全唐诗》

《全唐诗》是清康熙四十四年（1705 年），彭定求、沈三曾、杨中讷、汪士鋐、汪绎、俞梅、徐树本、车鼎晋、潘从律、查嗣瑮十人奉敕编校，“得诗四万八千九百余首，凡二千二百余人”，共计 900 卷，目录 12 卷。全书架构在明代胡震亨《唐音统签》和清代季振宜《唐诗》的基础上，旁采残碑、断碣、稗史、杂书，拾遗补缺，巨细靡遗。全书以《帝王》、《后妃》作品列首，《乐章》、《乐府》次之，又以年代为限，列出唐代诗人，附以作者小传。接着是《联句》、《逸句》、《名媛》、《僧》、《道士》、《仙》、《神》、《鬼》、《怪》、《梦》、《谐谑》、《判》、《歌》、《谶记》、《语》、《谚谜》、《谣》、《酒令》、《占辞》、《蒙求》，最后为《补遗》、《词缀》。

中华书局编《全唐诗外编》，收集了日本上毛河世宁（即市河世宁）的《全唐诗逸》3 卷，王重民辑《补全唐诗》，收诗 104 首，孙望《全唐诗补逸》20 卷、童养年《全唐诗续补遗》21 卷等 4 种。另外，刘师培有《全唐诗发微》，岑仲勉有《读全唐诗札记》。张忱石编《全唐诗作者索引》。

（四）宋词

词是一种音乐文学，它的产生、发展，以及创作、流传都与音乐有直接关系，主要用于娱乐和宴会的演奏，词最初主要流行于汉族民间，《敦煌曲子词集》收录的 160 多首作品，大多是从盛唐到唐末五代的汉族民间歌曲。隋代已开始流行。大约到中唐时期，诗人张志和、韦应物、白居易、刘禹锡等人开始写词，把这一文体引入了文坛。到晚唐五代时期，文人词有了很大的发展，词终于在诗之外别树一帜，成为中国古代最为突出的文学体裁之一。进入宋代，词的创作逐步蔚为大观，产生了大批成就突出的词人，名篇佳作层出不穷，并出现了各种风格、流派。词的起源虽早，但词的发展高峰则是在宋代，因此后人便把词看作宋代最有代表性的文学。

根据不同的标准，可以将宋词进行不同的划分。按长短规模分，宋词大致可分小令（58 字以内）、中调（59～90 字）和长调（91 字以上，最长的词达 240 字）。一首词，有的只有一段，称为单调；有的分两段，称双调；有的分三段或四段，称三叠或四叠。按音乐性质分，可以分为令、引、慢、三台、序子、法曲、大曲、缠令、诸宫调九种。按拍节分，常见的有四种：令，也称小令，拍节较短的；引，以小令微而引长之的；近，以音调相近，从而引长的；慢，引而愈长的。按创作风格分，大致可以分为婉约派、豪放派等。婉约派的代表人物有柳永、晏殊、晏几道、周邦彦、李清照、秦观、姜夔、吴文英、李煜、欧阳修等；豪放派的代表人物有辛弃疾、苏轼、陈亮、陆游、张孝祥、张元干、刘过等。苏轼是宋代词人的杰出代表之一。

苏轼（1037—1101），字子瞻，又字和仲，号东坡居士，宋代重要的文学家，宋代文学最高成就的代表。北宋眉州眉山（今四川省眉山市）人。其诗题材广阔，清新豪健，善用夸张比喻，独具风格，与黄庭坚并称“苏黄”。词开豪放一派，与辛弃疾同是豪放派代表，并称“苏辛”。又工书画。有《东坡七集》、《东坡易传》、《东坡乐府》等。

苏轼词扩大了词境。苏轼之性情、襟怀、学问悉见之于诗，也同样融之于词。他外出打猎，便豪情满怀地说：“会挽雕弓如满月，西北望，射天狼。”（《江城子》）他望月思念弟弟，便因此悟出人生哲理：“人有悲欢离合，月有阴晴圆缺，此事古难全。”（《水调歌头》）他登临古迹，便慨叹：“大江东去，浪淘尽，千古风流人物。”（《念奴娇》）苏轼词提高了词品，改造了词风。苏轼是豪放词风的开创者。

相关链接

宋词词牌的来源

（1）本来是乐曲的名称。例如《菩萨蛮》，据说是由于唐代大中初年，女蛮国进贡，她们梳着高髻，戴着金冠，满身璎珞（璎珞是身上佩挂的珠宝），像菩萨。当时教坊因此谱成《菩萨蛮曲》。据说唐宣宗爱唱《菩萨蛮》词，是当时风行一时的曲子。《西江月》、《风入松》、《蝶恋花》等，都是属于这一类的。这些都是来自汉族民间的曲调。

（2）摘取一首词中的几个字作为词牌。例如《忆秦娥》，因为依照这个格式写出的最初一首词开头两句是“箫声咽，秦娥梦断秦楼月”，所以词牌就叫《忆秦娥》，又叫《秦楼月》。《忆江南》本名《望江南》，又名《谢秋娘》，但因白居易有一首咏江南的词，最后一句是“能不忆江南”，所以词牌又叫《忆江南》。《如梦令》原名《忆仙姿》，改名《如梦令》，这是因为后唐庄宗所写的《忆仙姿》中有“如梦，如梦，残月落花烟重”等句。《念奴娇》又叫《大江东去》，这是由于苏轼有一首《念奴娇》，第一句是“大江东去”；又叫《酹江月》，因为苏轼这首词最后三个字是“酹江月”。

（3）本来就是词的题目。《踏歌词》咏的是舞蹈，《舞马词》咏的是舞马，《欸乃曲》咏的是泛舟，《渔歌子》咏的是打鱼，《浪淘沙》咏的是浪淘沙，《抛球乐》咏的是抛绣球，《更漏子》咏的是夜。这种情况是最普遍的。凡是词牌下面注明“本意”的，就是说，词牌同时也是词题，也就不再另拟题目了。

（五）元曲

在元代，元曲成为文学形式的“显支”。元曲原本来自所谓的“蕃曲”、“胡乐”，首先在民间流传，被称为“街市小令”或“村坊小调”。随着元灭宋入主中原，它先后在大都（今北京）和临安（今杭州）为中心的南北广袤地区流传开来。元代是元曲的鼎盛时期。作为民族文化宝库中的一朵灿烂花朵，元曲在思想内容和艺术成就上都体现了独有的特色。一般来说，元杂剧和散曲合称为元曲，杂剧是戏曲，散曲是诗歌，二者的共同之处，就在于采用北曲为演唱形式。

元曲的主要代表人物，当推被誉为“元曲四大家”的关汉卿、马致远、郑光祖、白朴。而元曲的主要代表作，就是关汉卿的《窦娥冤》和马致远的《天净沙・秋思》。

关汉卿（约 1220—1300），号已斋（一作一斋）、已斋叟，解州（今山西省运城）人，元代杂剧作家，中国古代戏曲创作的代表人物。据记载，关汉卿编有杂剧 67 部，现存 18 部。其中《窦娥冤》、《救风尘》、《望江亭》、《拜月亭》、《鲁斋郎》、《单刀会》、《调风月》等，是他的代表作。《窦娥冤》是关汉卿的代表作，也是我国古代悲剧的代表作。它的故事源于《列女传》中的《东海孝妇》。但关汉卿并没有局限在这个传统故事里，去歌颂为东海孝妇平反冤狱的于公；而是紧紧扣住当时的社会现实，用这段故事真实而深刻地反映了那个极端黑暗、极端残酷、极端混乱的悲剧时代，表现了劳苦大众坚强不屈的斗争精神和争取独立生存的强烈要求。它成功地塑造了“窦娥”这个悲剧形象，使其成为元代被压迫、被剥削妇女的代表，成为元代社会底层善良、坚强而走向反抗的典型。作品用丰富的想象和大胆的夸张，设计超现实的情节，显示出正义的强大力量，寄托了作者鲜明的爱憎，反映了广大人民伸张正义、惩治邪恶的愿望。

马致远，字千里，号东篱，元大都（今北京）人，元代著名杂剧作家。他的生年约在 1250 年，卒年约在 1321 年，所作杂剧今知有 15 种，《汉宫秋》是其代表作；散曲 120 多首，有辑本《东篱乐府》。马致远青年时期仕途坎坷，中年中进士，曾任浙江省官吏，后在大都任工部主事。马致远晚年不满时政，隐居田园。

《天净沙·秋思》是马致远创作的小令，是一首著名的散曲作品。此曲以多种景物并置，组合成一幅秋郊夕照图，让天涯游子骑一匹瘦马出现在一派凄凉的背景中，从中透出令人哀愁的情调，它抒发了一个飘零天涯的游子在秋天思念故乡、倦于漂泊的凄苦愁楚之情。这支小令句法别致，前三句全由名词性词组构成，一共列出九种景物，言简而意丰。全曲仅五句二十八字，语言极为凝练却容量巨大，意蕴深远，结构精巧，顿挫有致，被后人誉为“秋思之祖”。

（六）明清小说

明清是中国小说史上的繁荣时期。从明代开始，小说这种文学形式充分显示出其社会作用和文学价值，打破了正统诗文的垄断，在文学史上取得了与唐诗、宋词、元曲并列的地位。清代则是中国古典小说盛极而衰并向近现代小说转变的时期。其杰出代表，就是四大名著：《三国演义》、《水浒传》、《西游记》、《红楼梦》。这四部著作历久不衰，是汉语文学史中不可多得的经典作品。其中的故事、场景、人物已经深深地影响了中国人的思想观念、价值取向。四部著作都有很高的文学水平和艺术成就，其细致的刻画和所蕴含的深刻思想都为历代读者所称道，堪称中国文学史上的伟大丰碑。

《三国演义》以陈寿《三国志》为蓝本，经各家说话人熔裁，由罗贯中于元末明初写定。初不分回，只 24 卷 240 则，今通行 120 回本是清初毛宗岗改定的。此书生动描述了东汉末年群雄割据，三国鼎立，最后司马氏统一天下的复杂历史，结构宏伟，场面壮观，人物众多。有些人物颇具特色，成为某一类型人物的代表，如曹操、诸葛亮、关羽、张飞等。但总的来说，《三国演义》重于叙述历史事件而薄于文学创造，人物有类型化的倾向，语言半文半白，显示出由历史向文学嬗变的痕迹。

《水浒传》或题施耐庵著，或题施耐庵、罗贯中合著，描述了北宋宣和年间以宋江为首的 108 人被逼上梁山、替天行道的雄壮故事。宋江事史载甚略，宋人话本有《青面兽》、《花和尚》、《武行者》等名目，水浒故事已在民间流传，至《大宋宣和遗事》记宋江等 36 人聚义梁山泊，已略具《水浒》雏形。水浒故事就是在这一基础上由文人加工写定成书的。《水浒传》情节曲折，故事性强，善于在叙事中刻画人物，李逵、武松、林冲、鲁智深等成为妇孺皆知的文学形象，但虚构成分多于《三国演义》。它是中国第一部用通俗口语写成的长篇小说，在文学史和汉语史上都有很高的地位。

神话小说《西游记》取材于唐代僧人玄奘去天竺（印度）取经的事迹，由吴承恩在民间传说和有关话本、杂剧的基础上改写而成。该书想象丰富，手法浪漫，语言诙谐，是白话小说中独树一帜的优秀之作。书中塑造了孙悟空、猪八戒、沙僧和唐僧等形象，孙悟空的形象是人民群众敢于同恶势力斗争、不怕困难等优秀品质的艺术概括，也寄托了人民战胜邪恶势力的美好理想。

《红楼梦》是清代作家曹雪芹创作的章回体长篇小说。早期仅有前 80 回抄本流传，原名《石头记》。程伟元收集到后 40 回残稿，邀请高鹗协同整理出版 120 回的文本，定名《红楼梦》。《红楼梦》是一部具有世界影响力的文学作品，堪称中国封建社会的百科全书。小说以荣国府的日常生活为中心，以宝玉、黛玉、宝钗的爱情婚姻悲剧及大观园中点滴琐事为主线，以金陵贵族名门贾、史、王、薛四大家族由鼎盛走向衰亡的历史为暗线，描写了当时的生活场景和贾宝玉、“金陵十二钗”等人物的曲折命运，对现实社会包括宫廷及官场的黑暗，封建贵族阶级及其家庭的腐朽，封建的科举制度、婚姻制度、奴婢制度、等级制度，以及与此相适应的社会统治思想即孔孟之道和程朱理学、社会道德观念等，都进行了深刻的批判。其“真事隐去，假语村言”的特殊笔法更是激起了后世读者强烈的好奇心和研究者的强烈兴趣。1961 年 12 月 20 日，毛泽东在中央政治局常委和各大区第一书记会议上讲话时说，《红楼梦》不仅要当作小说看，而且要当作历史看。它写的是很细致的、很精细的社会历史。

相关链接

《红楼梦》的影响力

《红楼梦》无论是在思想内容上或是艺术技巧上都具有自己崭新的面貌，具有永久的艺术魅力，使它足以屹立于世界文学之林而毫无逊色。据不完全统计，在清代以《红楼梦》为题材的传奇、杂剧有 20 多种。到了近代，花部戏勃兴，在京剧和各个地方剧种、曲种中出现了数以百计的红楼梦戏。其中梅兰芳的《黛玉葬花》、荀慧生的《红楼二尤》等，成为戏曲节目中的精品。科技发达的时代电影、电视剧更把它普及到千家万户，风靡了整个华人世界。自 1924 年以来，改编自小说《红楼梦》的各类影视作品超过了 25 部。《红楼梦》问世后，引起人们对它评论和研究的兴趣，并形成一种专门的学问——红学。《红楼梦》有藏、蒙、维吾尔、哈萨克、朝鲜多种文字的译本，以及英、法、日、韩、俄、德、西等 20 多个语种的不同译本。《红楼梦》正日益成为世界人民共同的精神财富。

在中国传统文化的灿烂星空中，上面列举的只是其中最为璀璨的几颗明星。它们和其他的星星一起，让中华民族的文化在世界上闪耀着迷人的光芒。

三、永恒的历史见证

除了思想典籍和文学巨著，最能代表中华文化发展成就的，就是历史文物了。那些凝聚了先人心血的器皿、汇聚了先人智慧的建筑、承载了历史发展烙印的雕刻，都成为凝固的历史，让我们在数百年乃至上千年之后，还可以真切地感受到文化的魅力。下面，我们就从几个具有经典意义的范例中，再次感受这种魅力与影响。

（一）曾侯乙编钟与青铜文明

编钟是古代打击乐器，也是象征拥有者权位的礼器，主要流行于商周和春秋战国时期。曾侯乙编钟 1978 年出土于湖北随州擂鼓墩曾侯乙墓，属于战国早期的重要文物，现收藏于湖北省博物馆。这套编钟的钟及架、钩上共有铭文 3 755 字，内容为编号、记事、标音及乐律理论。全部甬钟的记事铭文均为“曾侯乙作持”5 字，标明钟的制作和享用者是曾侯乙。镈钟的铭文则记载了楚王熊章为曾侯乙铸宗彝一事。标音明文标示了钟的悬技位置或敲击部位及其所发音的名称，它们构成了十二半音称谓体系。乐律理论记述了曾国与楚、晋、齐、申、周等国的律名对应关系。钟铭所见律名 28 个、阶名 66 个，绝大多数都是前所未知的新材料。这套编钟的铭文，是一部重要的中国古代乐律理论专著。全套编钟音域宽广，音列充实，音色优美。每件钟均有呈三度音程的两个乐音，可以分别击发而互不干扰，亦可同时击发构成悦耳的和声，证实了中国古编钟每钟双音的规律。全套编钟具有深沉浑厚的低音、圆润淳朴的中音和清脆明快的高音。全套钟的装饰，有人、兽、龙、花和几何形纹，采用了圆雕、浮雕、阴刻、彩绘等多种技法，以赤、黑、黄色与青铜本色相映衬，显得庄重肃穆，精美壮观。它高超的铸造技术和良好的音乐性能，改写了世界音乐史，被中外专家、学者称为“稀世珍宝”。

相关链接

曾侯乙编钟的构成与工艺

曾侯乙编钟由长短不同的两堵立面垂直相交，呈曲尺形 7 根彩绘木梁两端以蟠龙纹铜套加固。由 6 个铜铸佩剑武士和 8 根圆柱承托，构成上、中、下三层。曾侯乙编钟共65件，分为8组：上层3组为钮钟，19件；中层3组为南钟，33件，分短枚、无枚、长枚三式；下层为两组大型长枚甬钟，12件，另有镈钟1件。最大的1件通高152.3厘米，重203.6公斤；最小的1件通高20.2厘米，重2.4公斤。钟体总重2 567公斤，加上钟架（含挂钩）铜质部分，合计4 421.48公斤。钟架及挂钩（含可以拆装的构件）达246个。短架（左）长335厘米、高273厘米、长架（中、右）长748厘米、高265厘米。钟及钟架铜构件是铜、锡、铅合金，合金比例因用途而异。用挥铸、分铸、锡焊、铜焊、铸镶、错金、磨砺制作而成，工艺精湛。编钟的装配、布局，从力学、美学、实际操作上，都显得十分合理。

曾侯乙编钟只是青铜器时代诸多文物成就的代表之一。作为一个时代的文化符号，青铜器记录了中华文化的辉煌历程。青铜时代（或称青铜器时代或青铜文明）在考古学上是以使用青铜器为标志的人类文化发展的一个阶段。中国是世界上已知的第一个铜冶炼技术的文明。中国在公元前3000年前掌握了青铜冶炼技术，到公元前5世纪，大体上相当于文献记载的炎黄时代，及夏、商、西周至春秋时期，经历了2 500多年的历史。

中国步入青铜时代，大体经历了早、中、晚期几个不同的发展阶段。早期以河南偃师二里头文化为代表，相继出现了品类繁杂的青铜制品，在一些墓葬中还发现了人殉和人牲。中期的前一阶段，以河南郑州二里冈文化为代表，这一时期青铜器数量大增，常伴有成套礼器，贝币大量出现，人殉、人牲更为普遍。后一阶段的青铜文化以安阳殷墟为代表，青铜铸造工艺相当成熟，出土了大量的精美青铜礼器、武器与工具。此时兴建了大规模的宫殿及陵墓，有发达的金文与甲骨文，人殉与人牲成为一种制度极为盛行。西周的周原遗址和丰镐遗址中，发掘出周王朝的宫殿、宗庙和墓葬，发现了大量的青铜礼器，反映出中国古代社会的礼制已成熟。晚期从西周后期至春秋时期，是中国奴隶制社会逐渐走向衰落的阶段。这一时期金属货币大量流通，青铜铸造工艺取得突出发展，出现了分铸法、失蜡法等先进工艺技术。湖北铜绿山发现的古铜矿，证明当时在采矿、配矿、冶炉砌筑及冶炼方面均达较高水平。到战国时期，随着铁器的推广，青铜制造才逐渐衰落。青铜器也随之成为凝固的文化符号。

（二）敦煌莫高窟与佛教文化

莫高窟，俗称千佛洞，坐落在敦煌城东南 25 公里的鸣沙山东麓的崖壁上。它始建于十六国的前秦时期，历经十六国、北朝、隋、唐、五代、西夏、元等朝代，形成了巨大的规模，有洞窟 735 个，壁画 4.5 万平方米、泥质彩塑 2 415 尊，是世界上现存规模最大、内容最丰富的佛教艺术地。莫高窟与山西大同云冈石窟、河南洛阳龙门石窟、甘肃天水麦积山石窟并称为中国四大石窟。1961 年，莫高窟被中华人民共和国国务院公布为第一批全国重点文物保护单位之一。1987 年，莫高窟被列为世界文化遗产。

莫高窟的建设与发展历程，说起来颇有些传奇色彩。据记载，366 年，僧人乐尊路经敦煌鸣沙山，忽见金光闪耀，如现万佛，于是便在岩壁上开凿了第一个洞窟。此后法良禅师等又继续在此建洞修禅，称为“漠高窟”，意为“沙漠的高处”。后世因“漠”与“莫”通用，便改称为“莫高窟”。北魏、西魏和北周时，统治者崇信佛教，石窟建造得到王公贵族们的支持，发展较快。隋唐时期，随着丝绸之路的繁荣，莫高窟更是兴盛，甚至达到千余个。北宋、西夏和元代，莫高窟渐趋衰落，仅以重修前朝窟室为主，新建极少。元代以后敦煌停止开窟，莫高窟逐渐冷落荒废。明嘉靖七年（1528）封闭嘉峪关，使敦煌成为边塞游牧之地。清康熙五十七年（1718）平定新疆，雍正元年（1723）在敦煌设沙州所，三年（1725）改沙州卫，并从甘肃各州移民敦煌屯田，重修沙州城。乾隆二十五年（1760）改沙州卫为敦煌县，敦煌经济开始恢复。莫高窟开始被人们注意。清光绪二十六年（1900）发现了震惊世界的藏经洞。不幸的是，在晚清政府腐败无能、西方列强侵略中国的特定历史背景下，藏经洞文物发现后不久，英、法、日、俄等国的探险家接踵而至，骗取了大量藏经洞文物，致使藏经洞文物惨遭劫掠，绝大部分不幸流散，分藏于英、法、俄、日等国的众多公私收藏机构，仅有少部分保存于国内，造成中国文化史上的空前浩劫。

莫高窟各窟均是洞窟建筑、彩塑、绘画三位一体的综合性艺术。敦煌石窟的彩塑和壁画，大都是佛教内容，还涉及印度、西亚、中亚、新疆等地区，可帮助了解古代敦煌以及河西走廊的佛教思想、宗派、信仰、传播，佛教与中国传统文化的融合，佛教中国化的过程等。从中国绘画美术的门类角度看，敦煌石窟壁画中的人物画、山水画、动物画、装饰图案画都有千年历史，自成体系，数量众多，都可成为独立的人物画史、山水画史、动物画史、装饰图案画史。莫高窟还保存了中国宋代以前丰富的人物画、山水画、动物画、装饰图案的实例，这是世界各国博物馆藏品中所未见的。

莫高窟对音乐和舞蹈等文化形式的意义也不可小视。敦煌壁画中有音乐题材的洞窟达 200 多个，绘有众多乐队、乐伎及乐器，据统计不同类型乐队有 500 多组，吹、打、拉、弹各类乐器 40 余种，共 4 500 多件。敦煌藏经洞文献中也有曲谱和其他音乐资料。丰富的音乐图像数据，展现了近千年连续不断的中国音乐文化发展变化的面貌，为研究中国音乐史、中西音乐交流提供了珍贵资料。同时，敦煌石窟大多数洞窟的壁画中几乎都有舞蹈形象，还有藏经洞保存的舞谱及相关资料。这些堪称舞蹈艺术的博物馆，保存了无数高超的舞蹈技巧和完美的舞蹈艺术形象，代表了各时代舞蹈发展的面貌及其发展历程。

敦煌石窟艺术中也有十分丰富的建筑史资料。敦煌壁画自十六国至西夏描绘了成千上万座不同类型的建筑画，壁画中还留下了丰富的建筑部件和装饰，以及建筑施工图等长达千年的建筑形象资料，展示了一部中国建筑史。不同时期、不同形制的800余座洞窟建筑，五座唐宋木构窟檐，以及石窟寺的舍利塔群，都是古代留存至今的宝贵建筑实物资料。

（三）唐三彩与唐文化的兴盛

唐三彩以细腻的白色黏土作胎料，用含铅、铝的氧化物作熔剂，用含铜、铁、钴等元素的矿物质作着色剂，其釉色呈黄、绿、蓝、白、紫、褐等多种色彩，但许多器物多以黄、绿、白为主，甚至有的器物只具有上述色彩中的一种或两种。三彩釉陶始于南北朝而盛于唐朝，它以造型生动逼真、色泽艳丽和富有生活气息而著称，因为常用三种基本色，又在唐代形成特点，所以被后人称为“唐三彩”。唐三彩的诞生已有1 300多年的历史了，它吸取了国画、雕塑等传统工艺美术的特点，采用堆贴、刻画等形式的装饰图案，线条粗犷有力。

唐三彩不仅在当时的唐朝风行一时，而且畅销海外，在印度、日本、朝鲜、伊朗、伊拉克、埃及、意大利等国家均发现了唐三彩。

唐三彩反映了唐朝的政治、文化、生活，与唐代诗歌、绘画、建筑等其他文化形式一样，成为那个时代文化的生动表现。唐三彩在唐代陶瓷史上是一个划时代的里程碑。在唐朝以前，只有单色釉，最多就是两色釉的并用，在我国的汉代，已经有了两色，即黄色和绿色两种釉彩在同一器物上的使用。到了唐代以后，这种多彩的釉色在陶瓷器物上同时得到了运用。有人从陶瓷史方面进行了考证，这和唐代当时的审美观点起了很大的变化有关。在唐朝以前人们崇尚的是素色主义，到唐代以后，它包容了各种文化，包括许多外来文化，这个时候从绘画、陶瓷、金银器的制作，形成了一个灿烂文化的特点。随着社会的进步、复制和仿制工艺的不断提高，唐三彩的品种也越来越多。唐三彩作为传统的文化产品和工艺美术品，不仅在中国的陶瓷史上和美术史上有一定的地位，而且在中外文化交流方面也起到了相当重要的作用。

唐三彩早在唐朝初年就输出国外，深受喜爱。这种多色釉的陶器以其斑斓釉彩、鲜丽明亮的光泽，优美精湛的造型著称于世。据考古界的数据，在丝绸之路、地中海沿岸和西亚的一些国家都曾经挖掘出来过唐三彩的器物碎片。唐三彩文化传流到国外也对当地的陶瓷业产生了一定的影响（如日本和朝鲜）。日本奈良时期曾经仿制中国的三彩制作出来过三彩器物，当时被称为奈良三彩；朝鲜的新罗时期也仿造中国的三彩制作过三彩的器物，叫新罗三彩。

（四）《清明上河图》及宋代市民风俗文化

《清明上河图》是中国十大传世名画之一，为北宋风俗画，是北宋画家张择端仅见的存世精品，属国宝级文物，现藏于北京故宫博物院。图宽 25.2 厘米，长 528 厘米。作品以长卷形式，采用散点透视构图法，生动记录了中国 12 世纪北宋汴京的城市面貌和当时社会各阶层人民的生活状况，描绘了当时清明时节的繁荣景象，是汴京当年繁荣的见证，也是北宋城市经济情况的写照。这在中国乃至世界绘画史上都是独一无二的。

在表现手法上，《清明上河图》构图采用鸟瞰式全景法，以不断移动视点的办法即“散点透视法”来摄取所需的景象。大到广阔的原野、浩瀚的河流、高耸的城郭，细到舟车上的钉铆、摊贩上的小商品、市招上的文字，和谐地组织成统一整体。在五米多长的画卷里，绘有仕、农、商、医、卜、僧、道、胥吏、妇女、儿童、篙师、缆夫等各色人物；有牛、骡、驴等各种牲畜；还有车、轿，以及大小船只等。房屋、桥梁、城楼等各有特色，有赶集、买卖、闲逛、饮酒、聚谈、推舟、拉车、乘轿、骑马等情节。画中大街小巷，店铺林立，酒店、茶馆、点心铺等百肆杂陈，还有城楼、河港、桥梁、货船，官府宅第和茅棚村舍密集。如此丰富多彩的内容，为历代古画中所罕见。全卷浑然一体。画中每个人物、景象、细节，都安排得合情合理，疏密、繁简、动静、聚散等画面关系，处理得恰到好处，达到繁而不杂、多而不乱，充分表现了画家对社会生活的深刻洞察力和高度的画面组织与控制能力。《清明上河图》不仅仅是一件伟大的现实主义绘画艺术珍品，同时也为我们提供了北宋大都市的商业、手工业、民俗、建筑、交通工具等翔实形象的第一手资料，具有重要的历史文献价值。其丰富的思想内涵、独特的审美视角、现实主义的表现手法，都使其在中国乃至世界绘画史上被奉为经典之作。

《清明上河图》是一幅举世闻名的现实主义风俗画卷。千余年来，此画声名显赫，广受青睐，仿摹者众多。各地公私藏家手中还有许多摹本和伪造本，有人统计，现存《清明上河图》有 30 多本，其中大陆藏十余本，台湾地区藏 9 本，美国藏 5 本，法国藏 4 本，英国和日本各藏一本，光是台北故宫博物院就藏有 7 本。经过众多学者、专家对这一专题的研究，大家意见基本一致，都认为现藏北京故宫博物院的这幅是北宋张择端的原作。其他的同名画作，均为后来的摹本或伪托张择端的臆造本。《简明不列颠百科全书》在“张择端”条内对《清明上河图》的评价为：是一幅具有重要历史价值的风俗长卷，画家成功地描绘出汴京城内及近郊在清明时节社会上各阶层的生活景象。主要表现的是劳动者和小市民。对人物、建筑物、交通工具、树木、水流之间相互关系的处理非常巧妙，整体感很强，具有极大的考史价值。此后历代绘制的都市风俗画，无不受其影响。

（五）“紫禁城”与故宫博物院

故宫始建于公元 1406 年，1420 年基本竣工，明朝永乐皇帝朱棣始建。故宫南北长 961 米，东西宽 753 米，面积约为 72 万平方米，建筑面积 15.5 万平方米。相传故宫一共有 9 999 间半，主要建筑是太和殿、中和殿和保和殿。宫城周围环绕着高 12 米、长 3 400 米的宫墙，墙外有 52 米宽的护城河环绕，形成一个壁垒森严的城堡。故宫宫殿建筑均是木结构、黄琉璃瓦顶、青白石底座，饰以金碧辉煌的彩画。故宫有四个大门，正门名为午门。其平面为凹形，宏伟壮丽。午门后有五座精巧的汉白玉拱桥通往太和门。东门名东华门，西门名西华门，北门名神武门。故宫的四个城角都有精巧玲珑的角楼，角楼高 27.5 米，十字屋脊，三重檐迭出，四面亮山，多角交错，是结构绮丽的建筑。依照中国古代星象学说，紫微垣（即北极星）位于中天，乃天帝所居，天人对应，是以故宫又被称为“紫禁城”。

故宫建成后，经历了明、清两个王朝，是明清两朝最高统治核心的代名词。明清宫廷五百多年的历史，包含了帝后活动、等级制度、权力斗争、宗教祭祀等。辛亥革命后，紫禁城宫殿本应全部收归国有，但按照当时拟订的《清室优待条件》，溥仪被允许“暂居宫禁”，即“后寝”部分。1924 年，冯玉祥发动“北京政变”，将溥仪逐出宫禁，同时成立“清室善后委员会”，接管了故宫。1925 年 10 月 10 日故宫博物院宣布正式成立，对外开放。1925 年以后紫禁城才被称为“故宫”。随着清王朝的没落，特别是 1949 年前的 38 年中，故宫建筑日渐破败，有多处宫殿群倒坍，垃圾成山。中华人民共和国成立后，1961 年国务院宣布故宫为第一批“全国重点文物保护单位”，从五六十年代起进行了大规模的修整，辟为“故宫博物院”。1987 年故宫被联合国教科文组织列为世界文化遗产。

故宫博物院藏有大量珍贵文物，据统计总共达 1 052 653 件之多，统称有文物 100 万件，占全国文物总数的 1/6。截至 2005 年 12 月 31 日，中国文物系统文物收藏单位馆藏一级文物的总数已达 109 197 件，现已全部在国家文物局建档备案。在全国保存一级文物的 1 330 个收藏单位中，故宫博物院以 8 273 件（套）高居榜首，并收有很多绝无仅有的国宝。故宫的一些宫殿中设立了综合性的历史艺术馆、绘画馆、分类的陶瓷馆、青铜器馆、明清工艺美术馆、铭刻馆、玩具馆、文房四宝馆、玩物馆、珍宝馆、钟表馆和清代宫廷典章文物展览等，收藏有大量古代艺术珍品，是中国收藏文物最丰富的博物馆。可以说，故宫是一座文化宝藏，正在逐步揭开神秘的面纱，向我们展示中华文化的无穷魅力。

四、伟大的发明创造

在谈及中华文化的时候，除了我们前面提及的思想、文学、艺术和建筑，还有那些值得称道的发明创造。中华民族的聪颖智慧在这些独具匠心的发明创造中，得到了淋漓尽致的体现。下面，我们就列举一二，与大家一起重温那些推动了中国社会取得巨大进展的智慧结晶。

说起发明，首先不得不提的就是我国古代的四大发明，即造纸术、指南针、火药和活字印刷术。下面我们就认识一下这些发明，感受一下这些发明对于世界文化进步的深远影响。

（一）造纸术

纸是用以书写、印刷、绘画或包装等的片状纤维制品。一般由经过制浆处理的植物纤维的水悬浮液在网上交错的组合，初步脱水，再经压缩、烘干而成。中国是世界上最早发明纸的国家。根据考古发现，西汉时期中国已经有了麻质纤维纸。质地粗糙，且数量少，成本高，不普及。

东汉元兴元年，蔡伦改进了造纸术。他用树皮、麻头及敝布、渔网等原料，经过挫、捣、炒、烘等工艺制造的纸，是现代纸的渊源。这种纸，原料容易找到，又很便宜，质量也提高了，逐渐得以普遍使用。为纪念蔡伦的功绩，后人把这种纸叫作“蔡侯纸”。

汉代以后，虽然工艺不断完善和成熟，但这四个步骤基本上没有变化，即使在现代，造纸生产的工艺与中国古代造纸法仍没有根本区别。在原料方面，魏晋南北朝时已经开始利用桑皮、藤皮造纸。到了隋朝、五代时期，竹、檀皮、麦秆、稻秆等也都作为造纸原料先后被利用，从而为造纸业的发展提供了丰富而充足的原料来源。其中，唐朝利用竹子为原料制成的竹纸，标志着造纸技术取得了重大的突破。竹子的纤维硬、脆、易断，技术处理比较困难，用竹子造纸的成功，表明中国古代的造纸技术已经达到相当成熟的程度。唐朝时，在造纸过程中加矾、加胶、涂粉、洒金、染色等加工技术相继问世，为生产各种各样的工艺用纸奠定了技术基础。生产出来的纸张质量越来越高，品种越来越多，从唐代到清代，中国生产的用纸，除了一般的纸张外，还有各种彩色的腊笺、冷金、罗纹、砑纸等名贵纸张，以及各种宣纸、壁纸、花纸等。纸张逐渐成为人们文化生活和日常生活的必需品。

造纸术首先传入与我国毗邻的朝鲜和越南，随后传到日本。在蔡伦改进造纸术后不久，朝鲜和越南就有了纸张。朝鲜半岛各国先后都学会了造纸的技术。纸浆主要由大麻、藤条、竹子、麦秆中的纤维提取。大约公元 4 世纪末，百济在中国人的帮助下学会了造纸，不久高丽、新罗也掌握了造纸技术。此后高丽造纸的技术不断提高，到了唐宋时，高丽的皮纸反向中国出口。西晋时，越南人也掌握了造纸技术。公元 610 年，朝鲜和尚昙征渡海到日本，把造纸术献给日本摄政王圣德太子，圣德太子下令全国推广，后来日本人民称昙征为纸神。中国的造纸技术也传播到了中亚的一些国家，并从此通过贸易传播到达了印度。造纸术在公元 751 年传入阿拉伯。阿拉伯最早的造纸工场是由中国人帮助建造起来的，造纸技术也是由中国工人亲自传授的。10 世纪，造纸技术传到了叙利亚的大马士革、埃及的开罗和摩洛哥。在造纸术的流传中，阿拉伯人的功劳不可忽视。欧洲人是通过阿拉伯人了解造纸技术的。公元 1150 年，阿拉伯人在西班牙的萨狄瓦，建立了欧洲第一个造纸场。公元 1276 年，意大利的第一家造纸场在蒙地法罗建成，生产麻纸。公元 1348 年，法国在巴黎东南的特鲁瓦附近建立了造纸场。瑞典 1573 年建立了最早的造纸厂，丹麦于 1635 年开始造纸，1690 年建于奥斯陆的造纸厂是挪威最早的纸厂。到了 17 世纪欧洲各主要国家都有了自己的造纸业。西班牙人移居墨西哥后，最先在美洲大陆建立了造纸厂，墨西哥造纸始于 1575 年。美国在独立之前，于 1690 年在费城附近建立了第一家造纸厂。

为了解决欧洲纸张质量低劣的问题，法国财政大臣杜尔阁曾希望利用驻北京的耶稣会教士刺探中国的造纸技术。乾隆年间，供职于清廷的法国画师、耶稣会教士蒋友仁将中国的造纸技术画成图寄回了巴黎，中国先进的造纸技术才在欧洲广泛传播开来。

造纸术的发明和推广，对于世界科学、文化的传播产生了深刻的影响，对于社会的进步和发展起着重大的作用。

（二）指南针

中国是世界上公认发明指南针的国家。指南针的发明是我国汉族劳动人民在长期的实践中对物体磁性认识的结果。公元前 7 世纪成书的《管子·地数》中就记载："上有磁石者，下有铜金"，意思说，如果山上有磁石时，山里就藏有铁矿。《山海经》中也曾有"题灌山中多磁石"的记载。《水经注》里记载了秦国阿房宫前面用磁石制成大门，防避有人进宫谋刺暗杀。这说明人们很早就发现了磁石的吸铁性，并加以利用了。

"指南"是张衡在《东京赋》中第一次提出来的，以后历经魏晋、南北朝、隋、唐，直到宋代经过一千多年才逐渐发展起来。宋代杰出的科学家沈括在《梦溪笔谈》中，对当时指南针发展的状况作了详尽的论述。在生产和科学实验发展的推动下，特别是航海事业和外贸的兴起扩大下，指南针逐步发展起来。

目前传统的观点认为指南针的始祖大约出现在战国时期。它是用天然磁石制成的。样子像一把汤勺，圆底，可以放在平滑的“地盘”上并保持平衡，且可以自由旋转。当它静止的时候，勺柄就会指向南方。《韩非子》中就有“先王立司南以端朝夕”的说法。东汉时的王充在他的著作《论衡》中对司南的形状和用法做了明确的记录。司南是用整块天然磁石经过琢磨制成勺型，勺柄指南极，并使整个勺的重心恰好落到勺底的正中，勺置于光滑的地盘之中，地盘外方内圆，四周刻有干支四维，合成二十四向。这样的设计是古人认真观察了许多自然界有关磁的现象，积累了大量的知识和经验，经过长期的研究才完成的。司南的出现是人们对磁体指极性认识的实际应用。但司南也有许多缺陷，天然磁体不易找到，在加工时容易因打击、受热而失磁，所以司南的磁性比较弱，而且它与地盘接触处要非常光滑，否则会因转动摩擦阻力过大，而难以旋转，无法达到预期的指南效果，而且司南有一定的体积和重量，携带很不方便，这可能是司南长期未得到广泛应用的主要原因。

目前的司南模型是由我国著名科技史学家王振铎根据《论衡》中的记载，考证并复原的。司南由青铜盘和天然磁体制成的磁勺组成，青铜盘上刻有二十四向，置磁勺于盘中心圆面上，静止时勺尾指向为南。

宋代与阿拉伯的海上贸易十分频繁，中国开往阿拉伯的大型船队有指南针导航，阿拉伯人从中国商船上学到指南针的用法。在12世纪末13世纪初，指南针传到阿拉伯，又由阿拉伯传入欧洲，对西方海外大探险发挥了十分重要的作用。就世界范围来说，指南针在航海上的应用，导致了以后哥伦布（约1451—1506）对美洲大陆的发现和麦哲伦（约1480—1521）的环球航行。这大大加速了世界经济发展的进程，为资本主义的发展提供了必不可少的前提。

（三）火药

火药，又被称为黑火药，由硝酸钾、木炭和硫黄机械混合而成。

火药在军事上主要用作枪弹、炮弹的发射药和火箭、导弹的推进剂及其他驱动装置的能源，是弹药的重要组成部分。火药是中国四大发明之一，也改变了人类的战争史。

据传，火药由晋朝葛洪发明，其研究开始于古代道家炼丹术。恩格斯高度评价了中国在火药发明中的首创作用："现在已经毫无疑义地证实了，火药是从中国经过印度传给阿拉伯人，又由阿拉伯人和火药武器一道经过西班牙传入欧洲。"火药的发明大大地推进了历史发展的进程，是欧洲文艺复兴的重要支柱之一。

唐代的炼丹者已经掌握了一个很重要的经验，就是硫、硝、碳三种物质可以构成一种极易燃烧的药，这种药被称为"着火的药"，即火药。由于火药的发明来自制丹配药的过程中，在火药发明之后，曾被视为药类。《本草纲目》中就提到火药能治疮癣、杀虫，辟湿气、瘟疫。火药不能解决长生不老的问题，又容易着火，炼丹家对它并不感兴趣。火药的配方由炼丹家转到军事家手里，就成为中国古代四大发明之一的黑色火药。

在冷兵器时代，火药的发现无疑具有里程碑式的意义。当填充了火药的火炮将攻击的距离一下子拉大数十倍之后，火药的威力就足以吸引人们的眼球了。可惜的是，这一意义重大的发明，在传到西方之后，反而成为打开中国封闭国门的武器，在我国的近代史上为我们留下了无法抹去的屈辱回忆。到了今天，我们在看到那些曾经被引以为豪的火炮时，还难免有些愤愤不平的感觉在心头。

历史不能重写。火药的发明，让世界历史发生的诸多改变也不能重新来过。在某种意义上说，这恰恰表明了文化本身所具有的特质。没有一种文化，是可以锁在自己的家里孤芳自赏的。而世界的进步，就是在世界各国各民族文化发现的相互激荡和启发中，才呈现出现在的样态。

（四）活字印刷术

自从汉朝发明纸以后，书写材料比起过去用的甲骨、简牍、金石和缣帛要轻便、经济得多了，但是抄写书籍还是非常费工费时的，远远不能适应社会的需要。东汉末年的熹平年间，出现了摹印和拓印石碑的方法。隋朝，人们从刻章中得到启发，在人类历史上最早发明了雕版印刷术。

印刷术开始于隋朝的雕版印刷，是中国古代劳动人民的四大发明之一。雕版印刷是在一定厚度的平滑的木板上，黏贴上抄写工整的书稿，薄而近乎透明的稿纸正面和木板相贴，字就成了反体，笔画清晰可辨。雕刻工人用刻刀把版面没有字迹的部分削去，就成了字体凸出的阳文，和字体凹入的碑石阴文截然不同。印刷的时候，在凸起的字体上涂上墨汁，然后把纸覆在它的上面，轻轻拂拭纸背，字迹就留在纸上了。

到了宋朝，雕版印刷事业发展到全盛时期。雕版印刷对文化的传播起了重大作用，但是也存在明显的缺点：第一，刻版费时费工费料；第二，大批书版存放不便；第三，有错字不容易更正。

北宋平民发明家毕昇在宋仁宗庆历年间（公元 1041—1048）制成了胶泥活字，实行排版印刷。活字印刷的基本程序是：先制成单字的阳文反文字模，然后按照稿件把单字挑选出来，排列在字盘内，涂墨印刷，印完后再将字模拆出，留待下次排印时再次使用。活字制版避免了雕版的不足，只要事先准备好足够的单个活字，就可随时拼版，大大地加快了制版时间。活字版印完后，可以拆版，活字可重复使用，且活字比雕版占用的空间小，容易存储和保管。

活字印刷术的发明是印刷史上一次伟大的技术革命，后人称毕昇为印刷术的始祖。中国的印刷术是人类近代文明的先导，为知识的广泛传播、交流创造了条件。印刷术先后传到朝鲜、日本、中亚、西亚和欧洲。毕昇创造活字印刷术的事迹比较完整地记录在沈括的《梦溪笔谈》里。

1440 年左右，约翰内斯·古腾堡将当时欧洲已有的多项技术整合在一起，发明了铅字的活字印刷，很快在欧洲传播开来，实质上推进了印刷形成工业化。1584年西班牙历史学家传教士门多萨在所著《中华大帝国史》中提出，古腾堡受到中国印刷技术影响。门多萨的书很快被翻译成法文、英文、意大利文，在欧洲产生了很大影响。意大利人则将活字印刷传入欧洲的功劳归功于伦巴第出生的帕菲洛卡·斯塔尔迪，他见到马可波罗从中国带回来的活字版书籍，采用活字法印书。意大利人为此特地在其出生地树立了斯塔尔迪的雕像作为纪念。

（五）其他科学发明

除了前面提到的四大发明，我国传统文化中还有很多足以让我们自豪的科技成就。下面，我们就以罗列的方式介绍几个。

被尊为木匠祖师的鲁班，是春秋战国时代鲁国人，姓公输，名般，是中国古代著名的建筑师。他发明了木工用的锯子、曲尺、墨斗、刨子、铲子、铺首、钻、凿等，以及攻城用的可活动的云梯。相传，锁也是鲁班发明的。至今，我们都在使用“班门弄斧”来表示自不量力，鲁班对于中国传统文化的影响可见一斑。

战国时期秦国蜀郡太守李冰及其子二郎率众修建的都江堰，是全世界至今为止年代最久、唯一留存、以无坝引水为特征的宏大水利工程。都江堰的创建，以不破坏自然资源、充分利用自然资源为人类服务为前提，变害为利，使人、地、水三者高度协和统一，是全世界迄今为止仅存的一项伟大的生态工程，开创了中国古代水利史上的新纪元，标志着中国水利史进入了一个新阶段，在世界水利史上写下了光辉的一章，至今仍发挥着巨大效益。1872年，德国地理学家李希霍芬称赞“都江堰灌溉方法之完善，世界各地无与伦比”。1999年3月，联合国人居中心官员参观都江堰后，建议都江堰水利工程参评2000年联合国“最佳水资源利用和处理奖”。

东汉时期的天文学家张衡，在宇宙结构的认识上，提出“浑天说”。他认为：天像鸡蛋壳，地像鸡蛋黄，天大地小，他认为天壳之外还有无限的宇宙。基于此认识，张衡设计和制造了漏水转浑天仪、候风地动仪，并对日月星辰做了许多观测和分析。他统计出在中国的中原地区能看到的恒星约有 2 500 颗。国际天文学会为了纪念张衡对天文学的突出贡献，将月球上的一个环形山命名为“张衡环形山”。

我国南北朝时期的数学家和天文学家祖冲之，在前人研究的基础上，经过刻苦钻研，反复演算，将圆周率推算至小数点后 7 位数（即 3.141 592 6 与 3.141 592 7 之间），并得出了圆周率分数形式的近似值。为了纪念祖冲之的杰出贡献，有些外国数学史家建议把圆周率 π 称为“祖率”。除了在计算圆周率方面的成就，祖冲之还与他儿子一起，用巧妙的方法解决了球体体积的计算。他们当时采用的原理，在西方被称为“卡瓦列利”原理，但这是在祖冲之以后一千多年才由意大利数学家卡瓦列利发现的。为了纪念祖氏父子发现这一原理的重大贡献，数学上也称这一原理为“祖原理”。

中国元代杰出的天文学家郭守敬，创制了高表、玲珑仪、观象台计 16 种仪表、仪器，专门测量天体使用。他还测定了黄赤交角。丹麦天文学家第谷所做的同类测量比郭守敬晚 300 年。为纪念郭守敬的功绩，人们将月球背面的一座环形山命名为“郭守敬环形山”，将小行星 2012 命名为“郭守敬小行星”。1981 年，为纪念郭守敬诞辰 750 周年，国际天文学会以他的名字为月球上的一座环形山命名。

隋代造桥匠师李春，首创了在主拱图上设小腹拱的敞肩式拱桥。他主持修建的赵州桥，横跨洨河南北两岸，是中国现存最早的大型石拱桥，也是世界上现存最古老、跨度最长的敞肩圆弧拱桥。大桥以首创的敞肩拱结构形式、精美的建筑艺术和施工技巧等杰出成就，在中外桥梁史上令人瞩目，充分代表了中国古代劳动人民在桥梁建造方面的丰富经验和高度智慧。这个浓缩了中华人民智慧结晶的标志性桥梁，开创了中国桥梁建造的崭新局面，为中国桥梁技术的发展作出了巨大贡献。

…………

这些发明创造，让中华文化的历史之河变得熠熠生辉。纵使在今天，这些文化成就都足以让我们对于祖先的发明创造充满自豪。

权威声音

创新是中华民族生生不息的秉性、发展进步的动力。人民是创新的主体，一部5 000多年的中华文明史，就是人民在实践中探索创新的历史。中华民族自古以来就是具有蓬勃创造活力的民族，四大发明在世界发明史上熠熠生辉。

——李克强在国家科学技术奖励大会上的讲话

第三章

任重道远铸国魂

作为具有几千年历史的文明古国，深沉的历史积淀构成了文化生长的丰厚土壤，因而在文化发展上应该具有天然的优势。如果我们以此为根据，认为我国的文化发展会水到渠成，那就大错特错了。从当前的时代发展来说，文明中国的建设，是回应时代要求的必然结果，也是应对国际、国内挑战的必经途径。

一、时代发展的呼唤

孟子曰："仓廪实而知礼节。"随着物质生活的不断丰富，精神层面的需求成为当下人们追求的重要内容。中国人民在解决了温饱问题之后，开始关注精神层面的问题，也更加注重精神层面需求的提升。可以说，完善中华民族优秀传统文化、以富有时代精神的文化信仰凝聚文明中国的魂魄，是时代的要求，也是国人回应时代的现实努力。

（一）综合国力的提升为文明中国的建设提供了物质基础

改革开放以来，我国的综合国力获得了大幅提升。这首先表现在我国的国内生产总值的增长上。改革开放之初，中国的国内生产总值仅为1 481.79亿美元。此后，随着改革开放的不断深入和持续发展，我国经济保持了持续、稳定的发展。尽管在发展过程中也遇到了比较严峻的挑战，但总体上来说，发展的势头没有受到较大影响。这对中国来说，是十分难得、弥足珍惜的一段发展历程。

1993年，随着社会主义市场经济体制的建设与深入，我国的国内生产总值达到了4 405.01亿美元，这一数值大约是1978年的3倍。此后，1998年我国的国内生产总值突破万亿大关，达到10 194.59亿美元；2005年突破2万亿大关，达到22 569.03亿美元；2008年我国第一次举办奥运会的时候，我国的国内生产总值达到了

45 218.27 亿美元。此后，我国的经济发展，一直保持了比较稳健的发展势头。2014 年中国的国民生产总值突破 10 万亿美元，与美国并成全球仅有的两个超越 10 万亿美元规模级别的经济体。在 30 多年的时间里，我国的经济总量实现了几十倍的增长。国家实力的“旧貌换新颜”，为精神层面的建设与发展提供了可靠的后盾和保证。

这一发展首先表现在教育方面。随着改革开放的不断深化，国家对教育的投入、学校硬件建设、各级各类在校生和毕业生人数等方面，都表现出了非常显著的变化。校园更美了、教师的整体素质更高了、教学内容更反映社会生活实际了……所有这些变化，汇总到一起，就是整个教育面貌的变化。

相关链接

双牌县城区中小学校全面进入“白板时代”

2014 年 12 月 19 日，随着湖南省双牌县第二中学最后一批电子白板设备调适完毕，双牌县城区所有中小学校将告别“黑板时代”，进入“白板时代”。与传统黑板的“一擦即没”相比，电子白板能够实时记录、保存教与学的全过程，教师随时调用电脑中存储的课堂教学资料，不必再担心板书的内容无法重现；与“电脑＋投影仪”相比，电子白板允许教师根据学生的学习情况方便自如地随时调整、修改教学计划，并随时保存更新自己的电子教案。同时，电子白板让教师与学生在课堂教学中实现积极的互动，有助于提高学生的学习兴趣，比投影屏幕上只能是“一成不变”地显示内容更适合多样化教学和创造性教学的需要。此次电子白板全面覆盖，将打破传统的教学模式，用电子笔代替粉笔，既干净又形象逼真。它的功能多，容量大，能大大提高学生的注意力和理解力，调动学生积极参与到教学过程中来，实现真正意义上的教学互动。

与经济发展相适应，社会文化生活和精神文明建设也实现了蓬勃发展。随着经济实力的增强，我国在基层文化建设和公共文化设施完善等方面，有了更多的投入，各级各类博物馆等文化场所的免费开放、社会体育器材的购置、安放，对公共图书馆的投入增加，大型文化节、艺术节的举办……使我们有越来越多的机会去享受丰富的文化大餐。

相关链接

国内 2 400 余家博物馆免费开放

发短信、打电话、上网、现场排队……如今，通过以上任何一种方式，普通民众都可以领取到中国国家博物馆的免费参观券。中国国家博物馆于 2003 年正式组建，它的历史和发展历程非常有限，但 10 年来突飞猛进的发展却成为博物馆事业发展的一个缩影。2007 年 3 月，中国国家博物馆进行了整改扩建，4 年后以崭新的面貌对外开放，以近 20 万平方米的建筑成为世界第一大馆。目前，中国国家博物馆已有 120 万件藏品，具备了世界一流的硬件条件，吸引了达·芬奇、米开朗基罗、拉斐尔等大师的作品走进中国。从 2004 年起，全国各地博物馆不断加大向公众免费开放的力度。2008 年以来，全国 1 804 个公共博物馆分 3 批实现了向社会免费开放，加上自行免费开放的博物馆，全国免费开放博物馆的总数已经超过 2 400 个。一些民办博物馆也积极响应政府的号召，主动实施了免费开放。目前中国平均每 40 万人拥有 1 个博物馆；到 2020 年，将发展到 25 万人拥有 1 个博物馆。

（二）指导思想的更新为文明中国建设提供了精神支持

我国是以中国共产党为领导的社会主义国家。作为国家建设的领导力量，中国共产党对国家和社会发展的理论认识的不断深化，是推动文化发展与建设的根本力量。改革开放以来，党和国家的指导思想的更新，先后经历了邓小平理论、“三个代表”重要思想、科学发展观、实现“中国梦”和培育社会主义核心价值观等几个不同的历史阶段。这些理论层面的更新，必然推动文明中国建设走向深入。

党的十一届三中全会以来，以邓小平为主要代表的中国共产党人，总结建国以来正反两方面的经验，解放思想，实事求是，实现全党工作中心向经济建设的转移，实行改革开放，开辟了社会主义事业发展的新时期，逐步形成了建设中国特色社会主义的路线、方针、政策，阐明了在中国建设社会主义、巩固和发展社会主义的基本问题，比较系统地初步回答了中国这样经济文化比较落后的国家如何建设社会主义、如何巩固和发展社会主义等一系列基本问题，创立了邓小平理论，赋予中国社会主义和民族复兴的伟大事业以新的起点与动力。邓小平理论是马克思列宁主义的基本原理同当代中国实践和时代特征相结合的产物，是毛泽东思想在新的历史条件下的继承和发展，是马克思主义在中国发展的新阶段，是当代中国的马克思主义，是中国共产党集体智慧的结晶。

邓小平十分重视精神文明建设，明确提出了“两手抓，两手都要硬”的指导原则，坚持将精神文明建设作为与物质文明建设同等重要的内容来对待。他说：“我们要建设的社会主义国家，不但要有高度的物质文明，而且要有高度的精神文明。所谓精神文明，不但是指教育、科学、文化（这是完全必要的），而且是指共产主义的思想、理想、信念、道德、纪律，革命的立场和原则，人与人的同志式关系，等等……没有这种精神文明，没有共产主义思想，没有共产主义道德，怎么能建设社会主义？”[①] 在此原则指导下，全国上下齐心协力，开展了形式多样的精神文明创建活动，将文明中国的美好前景，转化为人人实践的现实行动。

---

① 《邓小平文选》，2 版，第 2 卷，367 页，北京，人民出版社，1994。

相关链接

“真理标准问题”大讨论

1978 年 5 月 10 日，中共中央党校的内部刊物《理论动态》刊登了胡耀邦亲自审定的文章《实践是检验真理的唯一标准》。同年 5 月 11 日，该文章在《光明日报》公开发表。5 月 12 日，《人民日报》和《解放军报》，以及部分省级党报全文转载了这篇文章。5 月 13 日，全国多数省级党报都转载了这篇文章，其影响进一步扩大。

这篇文章提出：实践不仅是检验真理的标准，而且是“唯一标准”；实践不仅是检验真理的“唯一标准”，而且是检验党的路线是否正确的“唯一标准”。这篇文章发表后，在全国引起强烈反响，引发了一场关于“真理标准问题”的大讨论。这一讨论，让人们认识到“文化大革命”路线的问题，将经济建设作为国家发展的依靠，在解放思想上发挥了不可忽视的作用。精神和思想的解放，最终表现为席卷全国的改革大潮。属于中国的新时代，就在这场讨论的引导下悄然启幕。

实践是检验真理的唯一标准

本报特约评论员

检验真理的标准只能是社会实践

理论与实践的统一，是马克思主义的一个最基本的原则

《光明日报》发表《实践是检验真理的唯一标准》

权威声音

抓精神文明建设，抓党风、社会风气好转，必须狠狠地抓，一天不放松地抓，从具体事件抓起。

——邓小平 1986 年 1 月 17 日在中央政治局常委会上的讲话

党的十三届四中全会以来，以江泽民同志为主要代表的中国共产党人，在建设中国特色社会主义的实践中，加深了对什么是社会主义、怎样建设社会主义和建设什么样的党、怎样建设党的认识，积累了治党治国新的宝贵经验，形成了“三个代表”重要思想。“三个代表”重要思想是对马克思列宁主义、毛泽东思想、邓小平理论的继承和发展，反映了当代世界和中国的发展变化对党和国家工作的新要求，是党必须长期坚持的指导思想。始终做到“三个代表”，是我们党的立党之本、执政之基、力量之源。

“三个代表”重要思想明确地把“先进文化的前进方向”作为指导思想的重要组成部分，将文化与经济、政治放在同等重要的位置上，统筹考虑，合理安排，为我国的文化建设提供了有力的支持。所谓社会主义先进文化，就是以马克思主义为指导，面向现代化、面向世界、面向未来的，民族的、科学的、大众的社会主义文化。发展社会主义先进文化，就要坚持以马克思列宁主义、毛泽东思想、邓小平理论和“三个代表”重要思想为指导，用马克思主义中国化最新成果武装全党、教育人民，引导广大干部群众深刻领会党的理论创新成果，坚定理想信念，牢牢把握文化发展的正确方向，积极推动文化创新，保障社会主义先进文化沿着正确的方向发展。在建设中国社会主义现代化事业的伟大实践中进行文化创造，要推动中华文化走向世界，提高中华文化国际影响力和竞争力，成为这一时期中国文化建设的主旋律。人民群众的聪明才智得到充分发挥，博大精深的中华文化获得新生的土壤。“八荣八耻”等社会主义荣辱观的提出，为这一时期思想道德建设提供了重要根据。

权威声音

> 社会主义先进文化是马克思主义政党思想精神上的旗帜。
>
> ——胡锦涛

党的十六大以来，以胡锦涛同志为主要代表的中国共产党人，坚持以邓小平理论和“三个代表”重要思想为指导，根据新的发展要求，深刻认识和回答了新形势下实现什么样的发展、怎样发展等重大问题，形成了以人为本、全面协调可持续发展的科学发展观。科学发展观，是同马克思列宁主义、毛泽东思想、邓小平理论、“三个代表”重要思想既一脉相承又与时俱进的科学理论，是马克思主义关于发展的世界观和方法论的集中体现，是马克思主义中国化最新成果，是中国共产党集体智慧的结晶，是发展中国特色社会主义必须坚持和贯彻的指导思想。在科学发展观指导下，全面建设小康社会成为这一阶段的核心任务。社会主义文化建设，与经济、政治和社会建设一道，成为社会主义建设的重要组成部分。为完成这一历史任务，党中央明确提出了“建设社会主义核心价值体系”的战略任务，为文化建设提供了新的生长点。

从文化发展的维度来说，建设社会主义核心价值体系意义重大。在经济体制深刻变革、社会结构深刻变动、利益格局深刻调整、思想观念深刻变化，思想大活跃、观念大碰撞、文化大交融的背景下，提出建设社会主义核心价值体系，具有重要的理论意义和极强的现实针对性。同时，建设社会主义核心价值体系，也可以巩固党和国家团结奋斗的共同思想基础。在社会思想观念和人们价值取向日益多样的时代背景下，社会主义核心价值体系所确立的共同思想基础，成为社会发展在文化层面的“最大公约数”。此外，建设社会主义核心价值体系对引导全社会在思想道德上实现共同进步也具有不可忽视的作用。社会主义核心价值体系是先进性要求和广泛性要求的统一，在确立了共同思想基础的同时，为每一个社会成员的个性化发展，提供了充分的条件。因此，社会主义核心价值体系成为这一阶段文化建设的标识和代表。

相关链接

社会主义核心价值体系的提出和构成

2006 年 10 月，党的十六届六中全会通过的《中共中央关于构建社会主义和谐社会若干重大问题的决定》，第一次明确提出了“建设社会主义核心价值体系”这个重大命题和战略任务。2007 年，胡锦涛同志在“6·25”重要讲话中强调，要大力建设社会主义核心价值体系，巩固全党全国人民团结奋斗的共同思想基础。

社会主义核心价值体系包括四个方面的基本内容，即马克思主义指导思想、中国特色社会主义共同理想、以爱国主义为核心的民族精神和以改革创新为核心的时代精神、社会主义荣辱观。

党的十八大在继承时代理论成果的基础上，结合中国面临的国际国内形势，提出全面建成小康社会的时代新任务，提出了经济、政治、文化、社会、生态“五位一体”的发展格局，并提出“倡导富强、民主、文明、和谐，倡导自由、平等、公正、法治，倡导爱国、敬业、诚信、友善，积极培育社会主义核心价值观”的历史发展新任务。之后不久，习近平同志在参观“复兴之路”展览时，提出了“实现中华民族伟大复兴”的中国梦，并将“每个人享有人生出彩的机会”作为实现中国梦的现实路径。培育和践行社会主义核心价值观，实现“国家富强、民族振兴、人民幸福”的中国梦，成为当前时代的国家和社会发展指南。

建设文明中国，是培育和践行社会主义核心价值观、实现中国梦的主要组成部分。文化是民族的血脉。要实现中华民族伟大复兴的中国梦，就必须深刻认识文化繁荣与发展对于中国整体发展的重要意义，切实落实文化建设的各项任务。中国传统文化的深沉积淀，在时代的召唤下，焕发出新的生机。

相关链接

中国梦，我的梦

老李是某市一位垃圾清运清扫队的队长。他在日产日清的基础上，强调“不甩箱、不撂房、不落一个点位、不放过一小堆垃圾”。他还提倡文明作业，垃圾装车做到“箱净，房空，池、点无痕，车走地洁”。他连续多年获本单位先进工作者称号、区劳动模范荣誉称号，还获得2011年市五一劳动奖章、2014年市劳动模范等称号。他说：“城市美容师的工作，一转眼我已经干了31年。只要我干一天，我就要让马路敞亮一天，城市美丽一天。”正是许许多多像老李这样的普通劳动者，用自己的努力，在实现自己梦想的同时，也让中国走在实现梦想的道路上。

权威声音

实现我们的发展目标，实现中国梦，必须增强道路自信、理论自信、制度自信，“千磨万击还坚劲，任尔东西南北风”。而这“三个自信”需要我们对核心价值观的认定作支撑。

——习近平在北京大学师生座谈会上的讲话

二、不和谐的声音

在我国，曾经有一个流传许久的说法，就是拿破仑曾经将中国称为“一头沉睡的狮子”，并说：“当这头睡狮醒来时，世界都会为之发抖。”有一段时间，我们很引以为豪，认为这是拿破仑对中国发展的褒奖和认可。后来，有人说，我们的理解不全面。当时拿破仑表达完上面的意思之后，还说了下面的意思：就让这头狮子沉睡下去吧。2014年3月，习近平同志在参加中法建交五十周年纪念大会上讲话，对拿破仑的话给予了回应：“中国这头狮子已经醒了，但这是一只和平的、可亲的、文明的狮子。”

在我国的文化发展进程中，类似的情形还时有发生。还有许多时候，要面对那些质疑中国发展的声音，甚至在有些时候，我们不得不应战那些充满恶意的声音。我国的文化发展，正是在与各种“不和谐声音”的竞争中找到自己的道路的。

（一）文明冲突论

塞缪尔·亨廷顿出生于1927年，2008年去世，是美国当代著名的政治思想家、国际政治理论家。1951年，年仅23岁的亨廷顿在哈佛大学获博士学位后留校任教，并先后在美国政府许多部门担任过公职或充当顾问。亨廷顿是一个比较低调的人，但他却在一夜之间声名鹊起。1993年，美国的一本季刊杂志《外交》在夏季号发表了亨廷顿的《文明的冲突》一文。在这篇文章中，他提出了让他名扬天下的“文明冲突论”。一石激起千层浪，围绕这篇文章及其后亨廷顿的相关论著，全球范围内的学者们就“文明是不是冲突的?”展开了持久而热烈讨论。

亨廷顿的“文明冲突论”的核心观点是：

其一，未来世界的国际冲突的根源将主要是文化的而不是意识形态的和经济的，全球政治的主要冲突将在不同文明的国家和集团之间进行，文明的冲突将主宰全球政治，文明间的（在地缘上的）断裂带将成为未来的战线；国际政治的核心部分将是西方文明和非西方文明及非西方文明之间的相互作用。冷战后的国际政治秩序是同文明内部的力量配置和文明冲突的性质分不开的。同一文明类型中是否有核心国家或主导国家非常重要；在不同文明之间，核心国家间的关系将影响冷战后国际政治秩序的形成和未来走向。按照亨廷顿划分的所谓“文化断裂带”，东西方文化的冲突不可避免。

其二，文明冲突是未来世界和平的最大威胁，建立在文明基础上的世界秩序才是避免世界战争最可靠的保证。因此，在不同文明之间，跨越界限非常重要，在不同的文明间，尊重和承认相互的界限同样非常重要。

其三，全球政治格局正在以文化和文明为界限重新形成，并呈现出多种复杂趋势：在历史上第一次出现了多极的和多文明的全球政治；不同文明间的相对力量及其领导或核心国家正在发生重大转变，文明间力量的对比会受到重大影响；一般来说，具有不同文化的国家间最可能的是相互疏远和冷淡，也可能是高度敌对的关系，而文明之间更可能是竞争性共处，即冷战和冷和平；种族冲突会普遍存在，在文化和文明将人们分开的同时，文化的相似之处将人们带到了一起，并促进了相互间的信任和合作，这有助于削弱或消除隔阂。

其四，文化，西方文化，是独特的而非普遍适用的；文化之间或文明之间的冲突，主要是目前世界七种文明的冲突，而伊斯兰文明和儒家文明可能共同对西方文明进行威胁或提出挑战，等等。虽然亨廷顿本人并没有太多地直接谈论未来中国在文明冲突中将会如何，但他对儒家文明的认知和估计，以及他将伊斯兰文明和儒家文明视为“西方文明威胁者”的观点，还是很有市场的。

值得一提的是，在“9·11”事件发生之后，亨廷顿立即发表了一篇题为《不是文明的冲突是什么?》的文章，将“9·11”事件视为“伊斯兰世界对西方世界的挑战”。这也使得他更加坚信中国的儒家文明会对西方文明的发展构成威胁。2004 年 5 月，他出版了《我们是谁：对美国国家认同的挑战》，将“文明的冲突”视角由国际转向美国国内，论述了美国国家特性所受到的种种挑战。在这本书中，他认为美国不仅要面对“伊斯兰好斗分子”等美国现实的敌人，还会面对中国这个“可能的潜在敌人”。

我国学界对于“文明冲突论”早有回应。而对他的这个观点最有力的回应，是习近平同志和奥巴马的“庄园会”所表达的中国立场。

2013年5月至6月，国家主席习近平对特立尼达和多巴哥、哥斯达黎加、墨西哥三国进行国事访问。其间，于6月7日至8日在美国加利福尼亚州安纳伯格庄园，同美国总统奥巴马举行会晤。在会晤之后的记者招待会上，习近平同志明确提出，中国将坚定不移走和平发展道路，坚定不移深化改革、扩大开放，努力实现中华民族伟大复兴的中国梦，努力促进人类和平与发展的崇高事业。中国梦要实现国家富强、民族复兴、人民幸福，是和平、发展、合作、共赢的梦，与包括美国梦在内的世界各国人民的美好梦想相通。

习近平同志强调，他和奥巴马总统都认为，面对经济全球化迅速发展和各国同舟共济的客观需求，中美应该也可以走出一条不同于历史上大国冲突对抗的新路。双方同意，共同努力构建新型大国关系，相互尊重，合作共赢，造福两国人民和世界人民。国际社会也期待中美关系能够不断改善和发展。中美两国合作好了，就可以做世界稳定的压舱石、世界和平的助推器。

权威声音

中华民族和美利坚民族都是伟大的民族，两国人民都是伟大的人民……只要双方拿出决心和信心，保持耐心和智慧，既大处着眼、登高望远，又小处着手、积微成著，就一定能够完成这项事业。

——习近平

（二）中国威胁论

2010年3月，英国智库国际战略研究所公布年度《全球军力平衡报告》，对全球军费支出进行解读。报告称：西方国家军费支出进入下行通道，而以中国为代表的亚太国家军费开支却在“继续大幅增加”。“印度和中国在国防预算中继续保持两位数增长……印度国防开支 2009 年增加 21%，而中国官方公布的 2009 年度财政预算包括了 15%的军费增长。”报告一出，在西方社会引起一片哗然，“中国威胁论”再次成为西方媒体热炒的话题。

其实，“中国威胁论”早已有之。有学者将其划分为三个发展阶段。第一阶段为 19 世纪中期至 20 世纪中期。这一时期，西方列强基于殖民主义和帝国主义的需要，开始了最早的“中国威胁论”宣扬。有关中国具有一种东方式的“威胁”和“内在的残暴性”，是西方表述中国众多主题中颇为显著的一条。第二阶段是 20 世纪中期至 90 年代。这一阶段，西方世界基于意识形态方面的考虑，大肆宣扬“中国威胁论”。这一时期，西方世界对红色中国进行了“妖魔化”宣传，中国被歪曲为大多数西方人心中的“专制、好战的红色恶魔”。第三阶段是冷战结束后至今。这一阶段，西方及周边相关国家基于利益因素，掀起新一轮“中国威胁论”。面临中国力量不断上升的趋势，一些西方国家和中国周边国家，不断宣扬“中国威胁论”。与前两轮“中国威胁论”相比，新一轮“中国威胁论”表现出复杂的特征。就其宣扬主体而言，既包括西方国家，又包括中国周边相关国家。就其实质内容而言，既包括“军事威胁论”、“意识形态威胁论”，又包括“经济威胁论”、“文明威胁论”、“生态威胁论”等。

“中国威胁论”成为中国发展中的杂音，在一定程度上损害了中国的形象，阻遏了中国的发展步伐，在一定程度上恶化了中国的周边环境，使我国在发展过程中不得不面临更加复杂的国际环境，不得不承受更多的外部压力。例如，对孔子学院的质疑，就是基于“中国威胁论”的观点而产生的。

面对“中国威胁论”的种种论调，我国采取了“内外兼修”的应对策略。

“练好内功”，是指提升中国自身的综合国力，增强文化软实力。我国立足于自身文化传统，在经济实力、政治制度、文化传承与创新、社会治理和生态文明等方面，都开展了卓有成效的工作，国家综合实力得到了较大提升，文化软实力得到了显著增强。这为中国的发展奠定了基础。

相关链接

文化软实力

软实力是近年来风靡国际关系领域的关键词。这一概念由美国哈佛大学教授小约瑟夫·奈在1990年提出。他分别在《政治学季刊》和《外交政策》杂志上发表《变化中的世界力量的本质》和《软实力》等系列论文，指出，一个国家的综合国力既包括由经济、科技、军事实力等表现出来的“硬实力”，也包括以文化和意识形态吸引力体现出来的“软实力”。中国的“软实力”一说，则源于一位美国记者的报道，意思是说“对中国最近取得的成功的一种尊重或者着迷，以及它的影响力的自然增强”。党的十七大报告提出“提高国家文化软实力，使人民基本文化权益得到更好保障，使社会文化生活更加丰富多彩，使人民精神风貌更加昂扬向上”的历史任务，表明我们党和国家已经把提升国家文化软实力作为实现中华民族伟大复兴的新的战略着眼点。

权威声音

当今世界各国，除了经济、科技、军事力量等“硬实力”的比拼，文化软实力的竞争也日趋激烈，因为文化愈来愈成为民族凝聚力和创造力的重要源泉，愈来愈成为综合国力竞争的重要因素。这种“软较量”往往润物无声、潜移默化，运巨变于无形，某种程度上比硬实力的渗透力更强，影响力更持久。一个国家能否真正成为强大的经济体，越来越取决于文化创新的力量，取决于依托文化的制度创新与科技创新的力量。能否高瞻远瞩提高文化软实力，决定着一个国家的未来。

——习近平在主持中央政治局2013年第十二次集体学习时的讲话

“练好外功”，是指观大势、谋大事，加强外交顶层设计和战略谋划，开展重大外交行动，提出重大对外战略思想，将大国、周边、发展中国家、多边工作密切结合，与各方关系全面发展建立良好的国际关系，加强沟通，为中国发展争取良好的国际空间。近年来，我国积极运筹中俄、中美、中欧等主要大国关系，在大国外交方面取得突出成绩；提出对非合作要讲“真、实、亲、诚”，强调中非合作的互利共赢性质；与拉美和加勒比国家增进政治互信，加强务实合作，不断提升整体合作水平；同阿拉伯国家促进文明互鉴、尊重道路选择、坚持合作共赢、倡导对话和平；坚持与邻为善、以邻为伴，坚持睦邻、安邻、富邻，突出亲、诚、惠、容的理念，将中国与周边国家连成休戚与共的命运共同体。

同时，我们在对外关系中坚决维护国家核心利益，把坚决维护国家主权、安全、发展利益作为外交工作的基本出发点和落脚点。我们不惹事，但也不怕事。在涉及我国核心利益的问题上，我们要敢于划出红线，亮明底线。随着我国和平发展进程的不断深入，我们维护国家利益的资源和手段将会越来越多，维护国家利益的地位也会越来越主动。

相关链接

钓鱼岛是中国固有领土

钓鱼岛及其附属岛屿是中国领土不可分割的一部分，位于中国台湾岛的东北部，是台湾岛的附属岛屿，由钓鱼岛、黄尾屿、赤尾屿、南小岛、北小岛、南屿、北屿、飞屿等岛礁组成，总面积约5.69平方千米。中国人民最早发现、命名和利用钓鱼岛。目前所见最早记载钓鱼岛、赤尾屿等地名的史籍，是始撰于1403年（明永乐元年）的《顺风相送》。明朝初期，中国将钓鱼岛列入防区。清朝明确将钓鱼岛置于台湾地方政府的行政管辖之下。众多古今中外的地图均标绘钓鱼岛属于中国。中日甲午战争末期，日本将钓鱼岛秘密“编入”其版图。1895年，日本强迫清政府签订不平等的《马关条约》，割让台湾全岛及包括钓鱼岛在内的所有附属岛屿。第二次世界大战后，依据《开罗宣言》、《波茨坦公告》和《日本投降书》，钓鱼岛作为台湾的附属岛屿应与台湾一并归还中国。近年来，日本不断对钓鱼岛采取单方面措施，特别是2012年对钓鱼岛非法实施所谓“国有化”。这是对中国领土主权的严重侵犯，也是对二战期间一系列国际法律文件所确立的战后国际秩序的挑战。长期以来，中国政府通过立法、发表声明、对日方严正交涉、向联合国提交照会和派遣政府公务船在钓鱼岛海域巡航执法等举措，郑重宣示和维护中国的一贯立场，捍卫领土主权和海洋权益。

权威声音

我们要坚持走和平发展道路，但决不能放弃我们的正当权益，决不能牺牲国家核心利益。任何外国不要指望我们会拿自己的核心利益做交易，不要指望我们会吞下损害我国主权、安全、发展利益的苦果。

——习近平

三、不“文明”的现象

中国素有“文明古国”、“礼仪之邦”的美誉。从社会层面来说，

“彬彬有礼”、“礼让三先”等，也成为人际交往的普遍形式。但不可否认的是，也的确存在一些不文明的现象，让国人蒙羞，也让文明中国的建设任重道远。下面，我们就选取几个典型，了解一下这些“有辱斯文”的社会现象。

（一）旅游中的陋习

有一段时间，一则新闻吸引了大家的眼球。游客沈先生在埃及卢克索神庙旅游时，在浮雕上看到“丁某某到此一游”的字样，中国汉字，就这样出现在具有 3 000 多年历史的埃及古迹上。看到这个 3 000 多年前的文物受损，沈先生十分羞愧，并向导游道歉。沈先生说：“在埃及最难过的一刻，无地自容。”他曾试图用纸巾擦掉这一羞耻，但很难擦干净。导游看到此景为免尴尬很快就带他们离开。沈先生将自己拍的照片上网后，被转发、评论近 10 万次。沈先生希望此事能引起大家警醒，出国旅游自己的行为代表中国的形象。后来，这位丁姓游客被人肉搜索，并导致了公众的一致谴责。

2014 年 9 月 15 日，中国国家主席习近平会见中国驻马尔代夫大使馆的工作人员时笑称：“我插一句啊，也要教育我们的公民到海外旅游讲文明。矿泉水瓶子不要乱扔，不要去破坏人家的珊瑚礁。少吃方便面，多吃当地海鲜。”虽然只是笑谈，但其中反映的问题发人深省。随着经济生活的富足、交通条件的改善，现在有越来越多的人，可以走出家门，外出旅游。但在文明素质不理想的状态下，种种旅游陋习也成为损害国人形象的罪魁祸首。为防止这些行为，有些国外的旅游景点，甚至安放只有中文的标示牌，以提醒来自中国的游客遵守公共秩序。其实，在很多国内游中，也有类似的一些现象。这些看起来非常“没文化”的表现，与国民文化素质有着十分密切的关系，需要充分重视。

相关链接

出国旅游“十大陋习”

随地乱扔垃圾；不守公共场所秩序；乱涂乱画；不懂礼仪；不修边幅；一路牌局；疯狂抢购；贪小便宜；暴发户心态；只爱自拍。

（二）公共财物的破坏

在泸州闹市，有一组主题为《城市·家》的雕像。自安装之后，雕像组中的“照相妈妈”就数次遭到破坏。2013 年 12 月“照相妈妈”曾倒地，重新安装后，2014 年 5 月底又遭到破坏。对于半年时间内就遭到了两次破坏，有关负责人表示很无奈，因此他也呼吁市民能够爱护公共设施，并会加强对此的监管。“如果发现有人刻意破坏，必将追究其相关责任，依法作出处罚。”

每每看到这样的消息，我们都会发自内心地对那些破坏公共财物的行为表示反对。如何让“照相妈妈”们安全，成为大家共同欣赏的景观，是考验市民素质的一项重要内容。对于那些属于个人所有的财物，人们往往能珍惜与爱惜。而对于那些公共财物的态度，在某种程度上则是社会文明程度的表现。被推歪的护栏、被卸去阀门的水龙头、被肆意践踏的草坪、被抓回家的广场鸽……类似不应该成为新闻的新闻，却时有发生，让我们痛心不已。

对于此类行为，法律有明确的处罚规定。《中华人民共和国治安管理处罚法》明确规定，对于盗窃、损毁路面井盖、照明等公共设施的，要根据行为的危害程度，给予罚款或者拘留的处罚。我国《刑法》第二百七十五条明确规定：故意毁坏公私财物，数额较大或者有其他严重情节的，处三年以下有期徒刑、拘役或者罚金；数额巨大或者有其他特别严重情节的，处三年以上七年以下有期徒刑。应该说，财物不应该损坏，应该得到大家普遍的认可。但因为公共财物是属于“公家”的，所以很多人往往意识不到这个“公家”的存在，对属于社会大众的公共物品肆意破坏，或者据为己有。有些时候，因为“没人管”，有些“好事者”就为所欲为。

(三) 公共规则的公然无视

在我们的公共生活中，有很多理应得到公认的规则。这些规则被所有社会成员共同遵守，才能让社会生活维持正常的秩序。例如，银行的一米线、马路上的红绿灯等，从社会文明的角度来说，每个人都应该自觉遵守。但在实际生活中，往往则不然。

有一种过马路的方法，被称为“中国式过马路”。2012年，一位网友在微博发布消息称：“中国式过马路，就是凑够一撮人就可以走了，和红绿灯无关。”微博同时还配了一张行人过马路的照片，虽然从照片上看不到交通信号灯，但有好几位行人并没有走在斑马线上，而是走在旁边的机动车变道路标上，其中有推着婴儿车的老人，也有电动车、卖水果的三轮车。该微博迅速引起共鸣，一天内被近10万网友转发。网友纷纷跟帖“太形象了”、“同感”、“在我们这里就是这样”，还有网友惭愧地表示，自己也是“闯灯大军”中的一员。

类似“中国式过马路”的，还有“潜规则”等。表面上说的规矩是一个样子，实际执行的规矩又是另一个样子。有的甚至不顾公德良序，在社会上造成非常恶劣的影响。这些情况的出现，为我们敲响了警钟，让我们认识到一个文明的中国，还需要很长的时间才能变成现实。

社会范围内的不文明现象，还有很多的表现。我们的意图，并不是给各位读者展示社会生活的负面形态，所以在这里不一一列举。应该说，这些现象的产生，原因是复杂的。但只有每个人都努力改变自己，从行为习惯开始，从一点一滴开始，才能让我们的文明程度不断得到提高。

四、“不能文明”的窘境

应该说，追求和向往文明的生活，是每个人应有的追求，也是社会发展的方向。但不可否认的是，除了我们的主观努力之外，我们也不得不面对客观条件的限制和约束。对于“不能文明”的窘境，我们也要有充分的认识。

（一）人口压力造成的现实困难

“相互谦让”、“有序乘车”，应该是每个人公认的文明表现。但很多城市里经历上下班高峰时段的人们都知道，有些时候，做到这一点很难。当汹涌的人流进出地铁的时候，很多文明的习惯就被抛诸脑后了。虽然很多城市的公共交通有了很快的发展，但远远跟不上需求增长的速度。于是，一些尴尬也就随之出现，甚至出现过不少“上得了车，回不了家”的惨剧。当人们把责任归于相关职能部门的时候，这些部门更是一肚子委屈。“修马路的速度赶不上车增长的速度”、“年年有新线，年年一样挤”，都是这一问题的体现。

其实，何止是公交地铁，留意一下，我们会随处可见基于人口压力而导致的“不能文明”。看一看春运时的火车站、招聘会上的人潮涌动，看一看各种抢购的现场，我们就能体会“人多”带给中国的压力有多大。这些压力，需要在今后很长的时间内才能完成。而文明中国的建设进程，也只能在一个较长的时间内逐步实现。

相关链接

上海外滩踩踏事件

2014 年 12 月 31 日晚，数以万计的人流涌向上海外滩，希望看到跨年的灯光秀。但遗憾的是，有些曾为庆祝跨年活动而雀跃的鲜活生命，已经永远无法看到新年的阳光。因为人多，黄浦区外滩陈毅广场进入和退出的人流对冲，致使有人摔倒，发生踩踏事故，共造成 36 人死亡，49 人受伤。事件发生后，有人指责为什么不能限制人流，有人说现场的警察应该及时发挥作用，有人说是因为有人“撒钱”。一位专家的话说到点子上：“人多是决定性因素，其他都是触发性因素。”

权威声音

中国发展取得了历史性进步，经济总量已经跃升到世界第 2 位。作为有着 13 亿多人口的国家，中国用几十年的时间走完了发达国家几百年走过的发展历程，无疑是值得骄傲和自豪的。同时，我们也清醒认识到，中国经济总量虽大，但除以 13 亿多人口，人均国内生产总值还排在世界第 80 位左右。中国城乡低保人口有 7 400 多万人，每年城镇新增劳动力有 1 000 多万人，几亿农村劳动力需要转移就业和落户城镇，还有 8 500 多万残疾人。根据世界银行的标准，中国还有 2 亿多人口生活在贫困线以下，这差不多相当于法国、德国、英国人口的总和。今年春节前后的 40 天里，中国航空、铁路、公路承载了大约 36 亿人次的流动，相当于每天都有 9 000 万人在流动之中。所以，让 13 亿多人都过上好日子，还需要付出长期的艰苦努力。

——习近平 2014 年 4 月 1 日在比利时布鲁日欧洲学院的演讲

（二）资源不足导致的文明尴尬

曾几何时，中国被称为“地大物博”的大国。从社会发展的进程来看，这个曾经让我们引以为豪的特征，在今天不得不面对更多的质疑。

中国“地大”吗？中国陆地面积约 960 万平方千米，东部和南部大陆海岸线 1.8 万多千米，内海和边海的水域面积约 470 多万平方千米。海域分布有大小岛屿 7 600 多个，其中台湾岛最大，面积 35 798 平方千米。国土面积居世界第 3 位，但按人均占土地资源论，在面积位居世界前 12 位的国家中，中国居第 11 位。更需要注意的是，中国的耕地面积远不能让人乐观。中国沙质荒漠、戈壁合占国土总面积的 12%以上，改造、利用的难度很大。而对中国农业生产至关重要的耕地，所占的比重仅 10%多些。2013 年 12 月中央农村工作会议提出要“坚守 18 亿亩耕地红线”，可以让我们认识到这一问题的严重性。“仓廪实”才能“知礼节”，这是我们不得不认真对待的一个重要问题。

中国“物博”吗？就水资源来说，中国人均径流量为 2 200 立方米，仅为世界人均径流量的 24.7%；就矿产资源来说，矿产资源丰富，矿产 171 种。已探明储量的有 157 种，其中钨、锑、稀土、钼、钒和钛等的探明储量居世界首位，煤、铁、铅、锌、铜、银、汞、锡、镍、磷灰石、石棉等的储量均居世界前列。但地区分布不均、资源开采利用效率低等问题，导致这些资源的优势大打折扣。有些地区的资源缺乏，甚至到了影响居民生活的程度。在这样的尴尬之下，文明也就无从谈起了。

还有教育资源的问题。我国经过不懈的努力，完成了普及九年义务教育的历史任务，无论是在教育质量上，还是在办学规模上，都实现了前所未有的重大突破。但我们也不得不面对教育资源不均衡等问题。从国家整体来说，东中西部、城市农村存在较大差异；就社区内部而言，优秀教育资源也存在不均衡的情况。一些地方集中全力搞所谓的“超级中学”，使得那些基础较差的学校，不得不以更恶劣的条件面对更严峻的挑战。

还有很多资源的问题，影响着我们的生活质量，也影响着我们实现文明中国的进程。对于这些问题，我们会努力通过“改善习惯，节约资源”的方式，在力所能及的范围内，尽量改善。但要实现根本性的变化，的确需要更多的时间和努力。

相关链接

光盘行动

光盘行动由热心公益的人发起，2013 年 1 月开始启动，在全国迅速引起较大反响。媒体、高校、餐饮单位、社会大众纷纷响应。珍惜粮食、厉行节约、反对浪费，成为风靡一时的新亮点。为减少“舌尖上的浪费”，很多餐厅为顾客提供“半份菜”、“小份菜”、“热菜拼盘”、免费打包等服务，鼓励把没吃完的剩菜打包带走。“有一种节约叫光盘，有一种公益叫光盘！”“我是‘光盘’，我光荣！加入光盘行动，节约从我做起！”社会大众的普遍认可与参与，表现出大家对节约资源的共识。

（三）环境问题也让文明中国面临挑战

文明中国是与美丽中国不可分割的。但不可否认的是，环境问题是一个全球性的复杂问题。我国在长期的历史发展过程中所形成的环境问题，或因为天灾，或因为人祸，都成为影响社会整体文明程度提升的不可忽视的因素，在考验社会承受能力的同时，也对每一个置身于其中的人提出了挑战。

2014 年，一个前所未有的新词引起社会的热议，那就是“APEC 蓝”。近年来，雾霾天已经成为北京天气的常态。而在 APEC 会议期间，连续 10 天，机动车单双号限行，全市公车停驶 70%。不仅 141 家企业实行停产或者限产，市区内的工地施工、露天烧烤等全部被叫停，北京周边省份也都采取了工厂停产、机动车限行等措施，北京的机关、事业单位还连续六天“APEC 假期”，在车流、人流大幅减少后，不仅排放量骤降，拥堵的北京市内交通竟然迎来了一路畅通。中国环境监测总站的数据显示，2014 年 11 月 1

日至12日，北京空气质量均为优良级别。

一时间，网络上热晒各种北京的蓝天白云，“APEC蓝”也立即成为网络热词，被解释为“转瞬即逝的美好”。“APEC蓝”被《环球科学》杂志遴选为2014年度十大科技热词之首。2014年12月19日由国家语言资源监测与研究中心、商务印书馆等主办的“汉语盘点2014”年度字词揭晓，“APEC蓝”作为热词被推上榜。如何使这“转瞬即逝的美好”成为中国的“新常态”，需要经过一个较长的过程。

相关链接

细颗粒物（PM2.5）

细颗粒物又称细粒、细颗粒、PM2.5。细颗粒物指环境空气中空气动力学当量直径小于或等于2.5微米的颗粒物。它能较长时间悬浮于空气中，其在空气中含量浓度越高，就代表空气污染越严重。虽然PM2.5只是地球大气成分中含量很少的组分，但它对空气质量和能见度等有重要的影响。与较粗的大气颗粒物相比，PM2.5粒径小，面积大，活性强，易附带有毒、有害物质（例如，重金属、微生物等），且在大气中的停留时间长、输送距离远，因而对人体健康和大气环境质量的影响更大。2013年2月，全国科学技术名词审定委员会将PM2.5的中文名称命名为细颗粒物。细颗粒物的化学成分主要包括有机碳（OC）、元素碳（EC）、硝酸盐、硫酸盐、铵盐、钠盐（Na+）等。

权威声音

这几天我每天早晨起来以后的第一件事，就是看看北京空气质量如何，希望雾霾小一些，以便让各位远方的客人到北京时感觉舒适一点。好在是人努力天帮忙啊，这几天北京空气质量总体好多了，不过我也担心我这个话说早了，但愿明天的天气也还好。

这几天北京空气质量好，是我们有关地方和部门共同努力的结果，来之不易。我要感谢各位，也感谢这次会议，让我们下了更大的决心，来保护生态环境，有利于我们今后把生态环境保护工作做得更好。也有人说，现在北京的蓝天是 APEC 蓝，美好而短暂，过了这一阵就没了，我希望并相信通过不懈的努力，APEC 蓝能够保持下去。

谢谢，我们正在全力进行污染治理，力度之大，前所未有，我希望北京乃至全中国都能够蓝天常在，青山常在，绿水常在，让孩子们都生活在良好的生态环境之中，这也是中国梦中很重要的内容。

——习近平在 APEC 欢迎宴会上的致辞

除了人口、资源、环境问题，我国在发展过程中还存在很多影响文明建设的问题。这些问题，都不是一夜之间就可以解决的。但只要全体社会成员达成共识，并愿意为改变这些现状而努力，我们一定可以在不断的发展历程中，逐渐让我们的周围文明常驻，让我们的家国和谐安康。这条路很长，中国，和每一个中国人，努力走在前进的路上。

第四章

自信文明重践行

“千里之行，始于足下。”要建设文明的中国，就需要我们从自我做起，从现在做起，用勤奋的学习、扎实的工作，让文明与我们的国家、我们的生活常伴。

一、弘扬优秀传统，延续文化血脉

文化是民族的血脉。每一个民族都有自己独特的传统文化，它是民族繁衍生息的根基和血脉。历史的发展，让优秀的文化传统“大浪淘沙”，成为民族发展的精神力量。中华传统文化作为中华民族的精神之根和文化之魂，历史源远流长、内容博大精深。优秀传统文化是指中华传统文化中历经沧桑而积淀传承下来的精华部分，是中华民族五千年文明智慧的基本元素和珍贵结晶，是中华民族的根与魂，是中国人民的精神家园。要建设文明中国，我们首先就要把握住这个根本，守住文化血脉，让优秀传统文化在今天的土壤上绽放新的光彩。

（一）建设优秀传统文化传承体系

中华传统文化，是中华文明成果根本的创造力，是民族历史上道德传承、各种文化思想、精神观念形态的总体。要弘扬中华优秀传统文化，首先必须让优秀传统文化的优良品质得以继承。从历史上看，中华文化是唯一没有中断的文化形式。五千年的薪火相传，是中华民族对自身文化的认同和坚守的最好说明。

绵延千年的中华民族，积淀了令人称道的优秀文化传统。传统文化中重人际关系、重社会和谐、重道德修养、重礼义廉耻、重道德自律、重理想人格、重和而不同等思想资源，在当今时代焕发出新的生机。从某种意义上说，正是这些东西，让我们在面临很多困惑问题时可以找到解决问题的思路。在快节奏的今天，如何保持一颗沉静的心，自觉主动地回到传统文化中去，发现那些对我们富有启迪的经典，是我们必须认真考虑的现实问题。只有我们自觉地将传承优秀文化作为自己的使命，认真发掘理念中的精华，才能让那些宝贵的思想财富照亮我们今天前行的道路，让我们在文化血脉传承的过程中深刻感受作为华夏子孙的自豪感。

相关链接

国学班走俏

近年来的国学热成为文化传承中一道亮丽的风景线。围绕课程改革，多家教材编写机构已经明确将在新版的语文课本中为国学"加餐"。中高考都加大了对国学的考查力度，也带动了幼儿学国学的热潮。每逢假期，很多少儿国学班都人满为患。很多书院利用寒暑假招收 4～10 岁的学生，孩子们穿上汉服，拜孔子，学茶道，练书法，进行传统文化的浸润。这些形式化的内容受到了家长的青睐。家长们认为，孩子们从小学"礼"，诵读先贤的作品，能够陶冶情操，养成良好的品德。在少儿国学班里，《三字经》、《弟子规》、《论语》、《孟子》等几乎是学生们的必修课。有的还创造了"《弟子规》操"，孩子们一边朗诵一边跳舞。学生们浸润其中，收获很大。

权威声音

中华文化积淀着中华民族最深沉的精神追求，是中华民族生生不息、发展壮大的丰厚滋养……中华民族创造了源远流长的中华文化，中华民族也一定能够创造出中华文化新的辉煌。

——习近平在全国宣传思想工作会议上的讲话

（二）繁荣发展少数民族文化事业

56 个民族，56 朵花。中华民族是包括 56 个民族的大家庭，优秀中华传统文化也是包括56个民族的文化。每个民族都有自己独特的文化习俗和历史传承，每种民族文化形式，都对中华文化的发展贡献了自己独特的风采。因此，要弘扬优秀传统文化，就不能忽视各民族文化的共同发展。繁荣发展少数民族文化事业，就是要扩大文化在各民族相互交流、共同发展的进程中的影响，实现各民族的共同文化繁荣。

每一种民族文化，都是一幅正在打开的文化长卷。那些动人的民族文化传说、艳丽多彩的民族服饰，以及美妙的音乐、醉人的舞蹈，都可以让我们享受到文化的熏陶。充分发掘各民族传统文化的优秀元素，我们会发现别样的精彩。

相关链接

"东方的荷马史诗"

《格萨尔王传》是世界上唯一的活史诗，是少数民族的文化典范。这是藏族人民集体创作的一部伟大的英雄史诗。《格萨尔王传》文字大约产生在古代藏族氏族社会开始瓦解、奴隶制国家政权逐渐形成的历史时期，即公元前二三百年至公元6世纪之间；吐蕃王朝建立之后（公元7世纪初叶至9世纪）得到进一步发展；在吐蕃王朝崩溃、藏族社会处于大动荡、大变革时期，也就是藏族社会由奴隶制向封建农奴制过渡的历史时期（10世纪至12世纪初叶）得到广泛流传并日臻完善和成熟。在11世纪前后，随着佛教在藏族地区的复兴，藏族僧侣开始介入《格萨尔王传》的编纂、收藏和传播。史诗格萨尔的基本框架开始形成，并出现了最早的手抄本。手抄本的编纂者、收藏者和传播者，主要是宁玛派（俗称红教）的僧侣，一部分就是"掘藏大师"他们所编纂、传抄的《格萨尔王传》，初称为"伏藏"的抄本。从目前收集整理的情况看，《格萨尔王传》共有120多部、100多万诗行、2 000多万字，是世界上最长的一部英雄史诗。它为我们提供了宝贵的原始社会的形态和丰富的资料，代表着古代藏族文化的最高成就，具有很高的学术价值、美学价值和欣赏价值，是研究古代藏族社会的一部百科全书。《格萨尔王传》的许多内容取自民歌、神话及故事，反过来也成为后世文艺创作采集素材、借取题材的丰盛园地。至今仍有上百位民间艺人，在中国的西藏、四川、内蒙古、青海等地区传唱着英雄格萨尔王的丰功伟绩。

权威声音

经过几千年的沧桑岁月，把我国56个民族、13亿多人紧紧凝聚在一起的，是我们共同经历的非凡奋斗，是我们共同创造的美好家园，是我们共同培育的民族精神，而贯穿其中的、最重要的是我们共同坚守的理想信念。

——习近平在十二届全国人大一次会议闭幕会上的讲话

（三）推广和规范使用国家通用语言文字

语言文字是文化形式的载体和媒介。中国地域广阔，方言和文字体系十分复杂。这就要求确定一种通用的标准作为基础，以实现更好的交流。2001年1月1日，《国家通用语言文字法》正式施行，标志着我国的国家通用语言文字的使用全面走上了法制轨道，推动了国家通用语言文字的规范化、标准化及其健康发展，使国家通用语言文字在社会生活中更好地发挥作用，促进了各民族、各地区经济文化交流。随着网络语言、外来用语的泛滥，不规范的语言文字越来越多，“雷人雷语”层出不穷。只有规范语言文字，才能给丰富精神世界创造一个洁净的平台。

“说普通话，写规范字，用文明语，做文明人。”语言和文字是人际交流不可缺少的工具。只有自觉使用国家通用的语言文字，才能让我们在与人交流时正确表达、顺畅沟通。也只有自觉使用国家通用语言文字，我们才能让汉字书写听说成为我们生活的一部分，成为我们的文化符号和标识。

相关链接

汉字听写大会

中国汉字听写大会，由中央电视台和国家语言文字工作委员会联合主办，于 2013 年在中央电视台综合频道和中央电视台科教频道播出。节目邀请国内语言文化专家担任裁判和解说、央视著名播音员轮番担任读词主考官，从参赛代表队中产生一名年度汉字听写冠军。该节目一经播出立刻引起人们的广泛关注。据央视统计，中国汉字听写大会播出后同时段收视率飙升 4 倍，微博话题登顶热门榜，点击突破 18 万，百度搜索高达 42 万。种种数据表明，中国汉字听写大会已经成为一年一度国家级规模最大、水准最高、影响最广的文化娱乐赛事之一。首届中国汉字听写大会的成功开启，一方面可检验我国民众整体的汉字书写水准，另一方面让汉字文化得以交融，使得“振兴中华文化、传承华夏文明”的信念得以凝聚，汉字书写美德的观念得以传递，充分展示了汉字书写的真谛和魅力所在。

二、继承革命传统，锻造时代精神

在我国的文化发展过程中，除了绵延千年的历史传统，还有奋斗不息的革命传统。以爱国主义为核心的民族精神和以改革开放为核心的时代精神，共同构成了中华民族的生存根基。从这个意义上说，继承革命传统，把握时代脉搏，也是文明中国建设的根本所在。

（一）培育和践行社会主义核心价值观

自2002年起，中央电视台每年推出的“感动中国”年度人物评选，总会在社会上引起强烈反响。虽然这些人物的身份和经历各有不同，但他们的故事都让人热泪盈眶，震撼人们的心灵，他们所昭示的社会正气，也让我们对当前的社会发展有了更为真切的认识。在他们身上，我们看到了一种理想、一种信念、一种精神、一种力量。这种精神力量正是当前我们积极倡导的社会主义核心价值观的集中体现。

价值观是人们对世界和人生发展的基本观点和态度，是人们心中的深层信念系统，核心价值观能否与时俱进，直接影响到一个国家的凝聚力和影响力。党的十六届六中全会明确提出要建设社会主义核心价值体系，在全社会引起了广泛关注。此后，社会主义核心价值体系建设，迅速成为我国思想意识领域的热门话题。党的十八大提出“倡导富强、民主、文明、和谐，倡导自由、平等、公正、法治，倡导爱国、敬业、诚信、友善，积极培育和践行社会主义核心价值观”。此后，我们又明确地将这24个字作为社会主义核心价值观的内容，在全社会范围内广泛宣传、积极引导，让社会主义核心价值观深入人心，成为人们的行动指南。将社会主义核心价值观的这些要求落到实处，是实现文化中国梦的“主心骨”工程。以核心价值凝魂聚气，社会发展才能富有生气，人民生活才能扬眉吐气。

相关链接

总书记与“县官”座谈

2015年伊始，中共中央党校就举办了第一期县委书记研修班。中共中央总书记习近平1月12日与200多位来自全国的县委书记座谈，告诫这些现任的县委书记们要“把好权力关、金钱关、美色关，做到清清白白做人、干干净净做事、坦坦荡荡为官”。告诉县委书记们“要着力解决好人民最关心最直接最现实的利益问题，特别是要下大气力解决好人民不满意的问题，多做雪中送炭的事情”；“不能只想当官不想干事，只想揽权不想担责，只想出彩不想出力”。座谈中，习近平总书记深情回忆起30多年前自己在县委书记岗位上的经历、感悟、收获，结合今天的时代特点和党的历史使命，对在场和全国的县委书记提出了“心中有党、心中有民、心中有责、心中有戒”的要求。

权威声音

要意气风发、满腔热情干好，为官一任、造福一方。不能干一年、两年、三年还是涛声依旧，全县发展面貌没有变化，每年都是重复昨天的故事。

——习近平与第一届县委书记研修班座谈

（二）丰富精神世界，增强精神力量

大力弘扬民族精神和时代精神，深入开展爱国主义、集体主义、社会主义教育，丰富人民精神世界，增强人民精神力量。只有大力弘扬民族精神和时代精神，我们才能让每一个社会成员对我们自己的归属有明确的自豪感；只有深入开展爱国主义、集体主义、社会主义教育，才能为全社会的思想认识提供共同的基础，让每一个社会成员具有对于国家和民族的认同感；只有丰富人民的精神世界，增强人民的精神力量，才能让每一个社会成员拥有充实的精神生活，具有体验文明进步的成就感。

每一个时代，都有自己特定的时代精神。随着时间的推移、社会生活条件的变化，我们弘扬精神的具体形式也必然会发生一些变化。但是，那些经过历史沉淀的东西，会成为特定的文化符号，成为值得我们学习和发扬的东西。

相关链接

"马路天使"传承雷锋精神

长沙望城区公安局交警大队122中队中队长谢建兴2005年加入公安队伍，被安排在交警岗位上，10年来，他执法办案严谨公正，被老百姓亲切地称为"马路天使"，他还侦破交通肇事逃逸案百余起，抓获、规劝多名交通肇事逃逸人员到案。2014年9月9日凌晨，望城区前榜村新坝堤地段发生一起交通事故，受害人身受重伤被遗弃，肇事车辆逃逸。接警后，办案民警火速赶赴现场，可除了发现肇事车辆遗留下的车灯碎片，未发现其他任何有价值的线索。谢建兴带队调取事故现场附近由近及远所有监控资料，排查过往嫌疑车辆，逐一记录与肇事车型相同车辆信息。功夫不负有心人，9月13日，谢建兴等通过分析比对勘查获取的资料和现场调查获悉的情况，最终确定了事故车型为小型客车、侦查范围为靖港镇复胜村23组至27组及相邻的石豪村。在强大的心理压力和政策攻心下，9月13日晚，嫌疑驾驶人姚某前来自首，并如实供述了肇事逃逸的罪行。

权威声音

雷锋精神作为中华民族传统美德与共产主义光辉思想相结合的时代精神，具有持久的生命力。我们今天开展学雷锋活动，要学习雷锋精神的本质。要以培养有理想、有道德、有文化、有纪律的社会主义新人为目标，既发扬以往的好传统，又不囿于过去的一些具体做法。

——胡锦涛在纪念毛泽东等老一辈革命家为雷锋同志题词三十周年大会上的讲话

（三）推进马克思主义中国化、时代化、大众化

理论是时代精神的精华。只有保持与时代同步，理论才能新鲜。而只有保持与寻常百姓的密切联系，才能具有鲜活的生命力。所以，坚持不懈用中国特色社会主义理论体系武装全党、教育人民，更要坚持用普通人民群众可以接受的方式，将马克思主义的道理讲得深入人心。马克思主义之所以能发展到今天，非常重要的经验就是将理论发展与变动的、丰满的社会现实紧密结合在一起，思实践所需，解实践之惑，与人民群众紧密结合在一起，从实践中来，到实践中去。只有这样，正确的理论才能变成思想的武器。用生动朴实的语言，将那些深刻的道理讲清楚、说透彻，是一个很艰巨的任务，也是一个必须完成的任务。

相关链接

《理论热点面对面》

中宣部理论局组织编写的《理论热点面对面》系列读本就是这方面的典范。从2003年起，为了回答广大干部群众普遍关心的热点难点问题，中宣部理论局在深入调研的基础上，组织理论界专家学者每年撰写一本通俗理论读物。该系列读本，说的是百姓身边事，讲的是中国特色社会主义理论体系的基本道理，深入浅出、图文并茂、文字生动、通俗易懂、可读性强，深受读者欢迎，已经成为实践马克思主义中国化、时代化、大众化的一个品牌。

（四）坚持理想信念教育

理想是对未来发展的预期与憧憬，信念是对精神力量的坚定与执着。具有明确的社会理想和坚定的信念追求，是社会发展成熟的标志。在当前的社会背景下，要坚持践行社会主义核心价值体系的基本要求，就是要将“中华民族伟大复兴”的社会理想与“中国特

色社会主义”的坚定信念结合起来，使之成为全体中国人共同的意志所向。只有通过理想信念的教育，我们才能将这种统一的意志变成推动社会前进的现实力量。而这种力量，正是文明中国未来发展的动力所在。

需要指出的是，理想教育应该将对未来的展望与需要付出的努力结合起来。理想信念教育不能脱离社会现实的基础，更不能寄托于空对空的说教与“坐而论道”。我们要把中华民族伟大复兴的前景讲清楚，更要把实现这一梦想可能遇到的挑战讲清楚。只有这样，理想教育才不是停留在表面的空谈，而是落实于社会实践中的行动。只有现实的努力，才能实现宏远的理想。

相关链接

大山里的追梦人

杨安容出生在重庆市涪陵区龙潭镇大寨村四组。12 岁那年，杨安容患上先天性动脉血管瘤，为了保住性命，她无奈地做了高位截肢手术。“我不怕艰辛的生活，只怕虚度我的第二次生命。”截肢后的杨安容为了不成为社会和父母的负担，便借钱在集镇上开了个茶馆。2004 年，杨安容贷款承包了 200 亩荒山地，她要在山上修圈养羊、种桂花。杨安容的行为遭到了旁人的议论。但别人的冷嘲热讽没有击退杨安容，她耐心地说服了家人。由于缺乏管理技术，杨安容辛苦栽植的上千株桂花树苗在一年后全部死亡。杨安容不气馁，她更加热爱学习种植技术。慢慢地，她种植的树苗成活率越来越高。在 200 多亩荒山上种植了 8 000 株桂花、2 万株红叶石楠等十多种树种，总资产价值 100 多万元，成立了苗木专业合作社。还在林下养羊、养鸡、养鸽子。锲而不舍的杨安容终于将荒山变成了“宝山”。“我虽然失去了一条腿走路不方便，但我的脑子不比别人笨。我相信，5 年或者 10 年以后这漫山遍野的苗木将会长大成林。”杨安容说。

权威声音

> 人世间的美好梦想，只有通过诚实劳动才能实现。
>
> ——习近平

（五）深化理论自觉，强化精神引领

建设哲学社会科学创新体系，推动中国特色社会主义理论体系进教材、进课堂、进头脑。社会主义核心价值观的实现体现在社会生活的方方面面，而教育和科研无疑是其中的重点领域。教书育人解决的是培养什么样的人的问题，科学研究解决的是拿什么去培养人的问题。只有在理论上进行透彻研究，我们才能理解社会主义核心价值的科学体系和深刻内涵。只有在教育中坚持落实，我们才能让科学的理论变成学生们明辨是非的根据。

牢牢掌握意识形态工作领导权和主导权，坚持正确导向，提高引导能力，壮大主流思想舆论。当前的社会发展，呈现出多样化的态势，以"自由"为名义的种种放松意识形态领导的观点也就应运而生。有人甚至提出，应该允许各种观念和认识"自由碰撞"、"自生自灭"……在此背景下，只有以社会主义核心价值体系为根本依据，坚持理论主导，才能做好思想舆论引导，用正气压倒邪气，让社会意识保持健康发展。

掌握意识形态领导权和主动权、壮大主流思想舆论与坚持"百花齐放、百家争鸣"的基本方针并不矛盾。只有以海纳百川的胸怀，让各种思想意识不断交汇，才能在比较中显示社会主义核心价值体系的意义和价值。中央厉行节约的"八项规定"出台后，新闻媒体和网络监督的力量充分得到展示，表明我们对这些舆论工具的利用在向着理想的方向发展。

▶ 相关链接

马克思主义理论研究和建设工程

马克思主义理论研究和建设工程是巩固马克思主义在意识形态领域指导地位的一项重大的理论创新工程。2004 年 1 月，中共中央发出《关于进一步繁荣发展哲学社会科学的意见》，提出实施马克思主义理论研究和建设工程。2004 年 4 月 27—28 日，中央召开工程工作会议，标志该工程正式启动。2005 年 5 月 11 日，中宣部、教育部联合下发《关于加强和改进高等学校哲学社会科学学科体系与教材体系建设的意见》，提出要大力开展马克思主义理论体系、马克思主义发展史和马克思主义中国化的研究，在一级学科中设立马克思主义理论学科。要根据中央实施工程的战略部署和总体要求，全面开展高等学校哲学社会科学重点教材建设工作。至今，由中共中央和教育部组织实施的这一工程已经基本覆盖高校大多数学科门类，出版了一批有影响力的教材，形成了一批老中青结合的教学研究队伍。

三、为文化中国奠道德根基

道德是人自身发展的需要，也是人类文明进步的重要标志。全面提高公民道德素质，是社会主义道德建设的基本任务，也是建设文化中国的“奠基石”工程。只有努力培育社会主义道德，才能为社会发展确定共同的基础。

（一）坚持“四育”并举

坚持依法治国和以德治国相结合，加强社会公德、职业道德、家庭美德、个人品德教育，弘扬中华传统美德，弘扬时代新风。重视道德培育，是中华民族代代相传的优秀文化传统，也是当前社会主义文化建设的重要内容。在经历了20世纪中后期“道德爬坡还是道德滑坡”的讨论之后，努力培育社会主义道德已经成为社会共识。而针对各种不道德行为的热议一再出现，也表明了这一任务的艰巨性。只有将道德提升作为重要内容，提高全民道德水平，才能让未来的中国继续弘扬“以德为先”的优良传统，成就“文明有礼”的新风采。

社会公德是全体公民在社会交往和公共生活中应该遵循的行为准则，涵盖了人与人、人与社会、人与自然之间的关系。当前的社会公德教育，就是要大力倡导文明礼貌、助人为乐、爱护公物、保护环境、遵纪守法的道德意识，为社会生活的良好环境提供条件。

职业道德是所有从业人员在职业活动中应该遵循的行为准则，涵盖了从业人员与服务对象、职业与职工、职业与职业之间的关系。当前的职业道德教育，就是要大力倡导爱岗敬业、诚实守信、办事公道、服务群众、奉献社会的道德意识，为职业活动的顺利开展提供条件。

家庭美德是每个公民在家庭生活中应该遵循的行为准则，涵盖了夫妻、长幼、邻里之间的关系。当前的家庭美德教育，就是要大力倡导尊老爱幼、男女平等、夫妻和睦、勤俭持家、邻里团结的道德意识，为社区和家庭生活的和谐幸福提供条件。

个人品德是每个公民在品德修养上应该遵循的行为准则，是公民在道德品质方面应该做到的基本要求。当前的个人品德教育，就是要大力倡导爱国守法、明礼诚信、团结友善、勤俭自强、敬业奉献的道德意识，为公民基本素质的持续提升提供条件。

相关链接

全国助人为乐模范孙茂芳

北京军区总医院原副政委孙茂芳，四十年如一日，学雷锋，做好事，无微不至赡养照顾了18位孤残老人，用自己的行动传递了一位退休军人的情怀操守。1970年，孙茂芳到北京军区总医院工作后，发现医院所在的南门仓社区有许多困难老人和残疾人，便带领医生护士成立了30户家庭病房，开展上门包户服务活动，从此开始了助人为乐、敬老爱老的历程。他先后赡养照顾了18位孤残老人，为其中8位老人养老送终。他服务时间最长的是王炎老太太，连续照顾17年，直到老人90岁时为她送终。1998年起，孙茂芳每月从工资收入中拿出500元建立了家庭助困金，后来增至1 000元。孙茂芳在家里设立了一张“救急床”，帮助200多名来京看病的外地人解了燃眉之急。此外，他还热心帮助11位生活困难的残疾人和32名特困学生。至今，孙茂芳用于各种助困的资金已达39万多元。

权威声音

精神的力量是无穷的，道德的力量也是无穷的。中华文明源远流长，蕴育了中华民族的宝贵精神品格，培育了中国人民的崇高价值追求。自强不息、厚德载物的思想，支撑着中华民族生生不息、薪火相传，今天依然是我们推进改革开放和社会主义现代化建设的强大精神力量。

——习近平在会见第四届全国道德模范时的讲话

推进公民道德建设工程，弘扬真善美、贬斥假恶丑，引导人们自觉履行法定义务、社会责任、家庭责任，营造劳动光荣、创造伟大的社会氛围，培育知荣辱、讲正气、作奉献、促和谐的良好风尚。公民道德建设工程的主要任务，就是通过公民道德建设的不断深化和拓展，逐步形成与发展社会主义市场经济相适应的社会主义道德体系。这是提高全民族素质的一项基础性工程，对弘扬民族精神和时代精神、形成良好的社会道德风尚、全面推进中国梦的实现具有十分重要的意义。

（二）注重人文关怀

人文关怀是人类文明的特有方式，是社会文明进步的重要标尺。注重人文关怀和心理疏导，培育自尊自信、理性平和、积极向上的社会心态，是实现文明中国的重要手段。当前快节奏的社会生活，使得人们的生活、工作压力也不断加大。在这样的背景下，心理疏导对于缓解压力、调整心态起着至关重要的作用。只有通过多方面的努力，使得社会成员可以保持健康向上的心理状态，我们的文明进步和社会和谐才能变成现实，我们的文化中国梦才能实现。

深化群众性精神文明创建活动，广泛开展志愿服务，推动学雷锋活动、学习宣传道德模范常态化。群众性精神文明创建活动是社会主义道德建设最基础、最鲜活的表现形式。活跃于重大体育赛事和各种文化活动中的志愿者的身影，让我们领略了当前公民“投身社会、奉献为乐”的精神面貌；“昔日榜样今再来、社会处处有雷锋”的场景，让雷锋精神从“3 月来了 4 月走”的形式主义变成了实实在在的生活常态；那些平凡人物的不凡事迹，更让我们真切地感受到道德楷模对于我们的示范引领作用。一个道德的中国，正在这些看似平凡的感动中不断完善。

相关链接

山西“最美女孩”孟佩杰

孟佩杰是一个很普通的山西女孩。5 岁那年，她的父亲被车祸夺去了生命。迫于生活压力，母亲不得不将年仅 5 岁的孟佩杰送人领养。1998 年，养母刘芳英患上了椎管狭窄症。一年后，养父无法忍受艰难的生活，悄悄离家出走，从此杳无音讯。这一年，孟佩杰只有 8 岁。从 8 岁到 20 岁，4 000 多个日日夜夜里，孟佩杰日复一日照料养母，任劳任怨，不离不弃。2009 年，孟佩杰被山西师范大学临汾学院录取，她决定“带着母亲上大学”。这个“久病床前有孝女”的故事在网络上传播开来并感动了众多网民。

四、丰富精神文化生活

丰富人民的精神世界，让人民享有健康丰富的精神文化生活，是全面建成小康社会的重要内容，更是建设文明中国的题中应有之义。丰富人民精神文化生活，是文化中国梦变成现实的“聚内力”工程，是中华民族实现伟大复兴的根本所在，是文明中国探索全新生存状态的重要着力点。

（一）注重文化产出

坚持以人民为中心的创作导向，提高文化产品质量，为人民提供更好更多的精神食粮。优秀的文化作品，是丰富精神世界的前提条件。只有那些关心人民生活、体现人民关切的优秀作品，才能实现“以科学的理论武装人、以正确的舆论引导人、以高尚的精神塑造人、以优秀的作品鼓舞人”的要求，用丰富生动的形式塑造良好文化氛围、提供更好的精神食粮。

由中共中央宣传部组织的精神文明建设“五个一工程”评选活动，自1992年起每年举行一次，评选上一年度各省、自治区、直辖市和中央部分部委，以及解放军总政治部等单位组织生产、推荐申报的精神产品中五个方面的精品佳作。这五个方面是：一部好的戏剧作品，一部好的电视剧作品，一部好的图书（限社会科学方面），一部好的理论文章（限社会科学方面），一部好电影。1995年起，将一首好歌和一部好的广播剧列入评选范围，“五个一工程”的名称不变。“五个一工程”推出了大量深受群众欢迎的优秀作品，也培养出了一批批优秀的文艺工作者，形成了一种以作品带人、以人促作品的生动气象。“精品迭出，人才辈出”的“五个一工程”，正在发挥着激励、导向、示范、精品、育才五大作用，在构筑社会主义先进文化精神大厦、建设和谐文化、繁荣文艺创作的进程中具有越来越重要的意义。

相关链接

《索道医生》

电影《索道医生》取材于云南省福贡县拉马底村乡村医生、优秀的共产党员、全国敬业奉献模范邓前堆同志的真实事迹，他28年溜索横跨怒江，为两岸村民解除病痛。他的事迹感动众人，被称为“索道医生”。2014年，该片获得第十三届精神文明建设“五个一工程”奖。

（二）全民参与，促进自我提升

开展群众性文化活动，引导群众在文化建设中自我表现、自我教育、自我服务。群众性文化活动是文化建设的基础形式，是实现文化强国的重要载体，是人民文化生活改善的重要标志。党的十七届六中全会通过的《中共中央关于深化文化体制改革推动社会主义文化大发展大繁荣若干重大问题的决定》中明确提出，要广泛开展群众性文化活动。这是丰富人民文化生活、满足人民文化需求的重要途径，对推动社会主义文化大发展大繁荣具有重要意义。

相关链接

全民读书日

开展全民阅读活动。忠厚传家远，诗书继世长。阅读是文化传承和传播的重要形式。随着社会生活的加快和网络的日渐普及，人们用于读书的时间越来越少。2012年4月23日是第17个世界读书日，在中央文明办、新闻出版总署的指导下，由中国文明网联合多家单位共同承办的“文明中国”全民阅读活动同日在京启动。活动在数字阅读时代的背景下，立足于新媒体阵地，致力于优质阅读内容的传播与推广，营造爱读书、读好书、善读书的良好氛围。

（三）充分利用网络，提高全民科学素养

随着网络的逐渐普及和迅猛发展，网络的作用越来越重要。党和国家的重要会议，开始注重从官方博客、微博等平台了解民意；“表叔”、“房姐”等也在“网络阳光”的照射下无处藏身。芦山地震举国关注，一些造谣生事者也趁机利用网络散布谣言。所以，要加强和改进网络内容建设，唱响网上主旋律，同时要加强网络社会管理，推进网络依法规范有序运行。

网络的迅速发展，是近年来科技影响生活的重要手段。而随着网络进入千家万户，很多消极、负面的不健康内容也有了更为便捷的传播途径。加强和改进网络内容建设，就是要用先进文化的基本内容占据网络这一阵地，用网络传播科学，用网络引领时尚。对于那些利用网络制造谣言等不法行为，则要坚决打击、绝不手软。

普及科学知识，弘扬科学精神，提高全民科学素养，同时开展“扫黄打非”，抵制低俗现象。科学是愚昧的天敌。在我国的长期文化发展过程中，封建迷信等落后文化、“黄赌毒”等腐朽文化一直“余孽未绝”。只有采取切实有效的措施，坚决予以反对和抵制，才能创造一个洁净高雅的文化发展空间。各种非法出版物对社会发展产生了十分恶劣的负面影响，也是必须下大力气解决的。

相关链接

“扫黄打非”绝不手软

2013年1月4日，全国“扫黄打非”办公室公布了2012年度

数据。2012年全国共收缴各类非法出版物4 508.8万件，其中侵权盗版出版物3 635.7万件，占80%。全国共查处各类案件1.5万余起，其中淫秽色情出版物案件1 685起，侵权盗版出版物案件4 692起。全年共清理境内网上淫秽色情等违法信息370多万条。这些数据，显示出在打击非法出版物，查处制售淫秽色情出版物和有害信息行为，查办制售侵权盗版出版物和网上侵权盗版行为，整治非法报刊、非法网络报刊和非法报刊网站等方面取得的明显成效。

五、交流互鉴，共建文明

文明中国的实现，除了着眼于本国内的发展，还要认识到国际上的变化。近年来，中国文化在世界文化交流中的作用更加明显，中国面孔、中国元素在好莱坞的影视作品中出现的频率大大增加，引起了普遍关注。憨态可掬的功夫熊猫、《2012》中的诺亚方舟，都与中国文化有关联。在好莱坞大片中中国人的形象，也改变了以往的消极、负面，变得更加积极、正面。随着此类大片在全球的热映，中国文化对世界的影响在不断升温。蓬勃兴起的孔子学院、久盛不衰的汉语学习热，都让我们看到了中国文化正在更加自信地走出国门、影响世界。在与世界文化交流的过程中，我们既要加强自身建设，又要努力学习别国。只有这样，才能得到更快更好的发展。

（一）努力增强文化实力

当今世界，各国之间综合国力竞争日益激烈，文化越来越成为民族凝聚力和创造力的重要源泉，越来越成为综合国力的重要因素。我国是世界上最大的发展中国家，要在激烈的国际竞争中立于不败之地，必须把文化建设作为社会主义现代化建设的重要战略任务。增强文化整体实力和竞争力，是实现文化中国梦的“强筋骨”工程，是中国实现文化发展、扩大文化影响的重要着力点。

坚持把社会效益放在首位、社会效益和经济效益相统一，推动文化事业全面繁荣、文化产业快速发展。社会效益是文化发展的根本。只有推动社会进步的文化事业、文化产业和文化产品，才能对社会生活的发展发挥积极作用。从我国目前的情况来看，国家层面的大力推动和严格管理，企业本身的社会担当和责任意识，都是文化发展不可缺少的内容。只有加强社会主义先进文化的建设和引领，才能实现我国文化的发展和繁荣，实现一个“有文化”的充满活力的中国。

相关链接

莫 言

莫言生于1955年2月17日，原名管谟业，山东高密人，中国当代著名作家，全国政协第十二届全国委员会委员。他自20世纪80年代以一系列乡土作品闻名，其作品充满着“怀乡”和“怨乡”的复杂情感，被归为“寻根文学”作家。2011年莫言荣获茅盾文学奖。2012年莫言荣获诺贝尔文学奖。莫言获得诺贝尔文学奖，让世界对中国文化更加赞叹，也使中国文化得到了更好的展示。

加强重大公共文化工程和文化项目建设，完善公共文化服务体系，提高服务效能。文化也需要服务。良好的文化设施、优雅的文化环境是提升文化生活不可缺少的动力。从我国当前的情况来看，重大公共文化工程和文化项目建设让人民群众的文化生活改善有了良好的基础，公共文化服务体系的建设则使得每一个人都可以享受到文化生活的便利。今后，还应在这些方面继续投入，以创造良好的环境，提供更好的条件，促进文化生活的全面提升。

（二）努力实现中国文化“走出去”

促进文化和科技融合，发展新型文化业态，提高文化产业规模化、集约化、专业化水平。一直以来，政府在推动“文化强国”发展战略时，始终坚持推动“社会效益和经济效益相统一，推动文化事业全面繁荣”。随着我国文化建设的加强，文化产业在我国经济增长中的比重也不断提高。一些新兴文化产业，如手机电视、网络电视、数字出版、动漫游戏等都有鼓励政策，近两年，此类新型文化业态也呈现出良好发展态势，为繁荣中国文化产业起到了积极的推动作用。而科技进步的日新月异，更是为文化发展提供了更多可能。这也是我国文化发展的重要方向。

构建和发展现代传播体系，提高传播能力。优秀文化的传播，必然对传播媒介提出更高的要求。而构建和发展现代传播体系，就是要采取切实措施，让“中国声音”有更为流畅的“发声”渠道，让中国文化能为更多的听者、观众和读者所了解，也让中国能更迅捷地了解世界，掌握世界文化的最新发展状况。这也是文化自信的重要表现。

相关链接

孔子学院

孔子学院，即孔子学堂（Confucius Institute），并非一般意义上的大学，而是推广汉语和传播中国文化与国学的教育和文化交流机构，是一个非营利性的社会公益机构，一般都是下设在国外的大学和研究院之类的教育机构里。孔子学院最重要的一项工作就是给世界各地的汉语学习者提供规范、权威的现代汉语教材，提供最正规、最主要的汉语教学渠道。孔子是中国传统文化的代表人物，选择孔子作为汉语教学品牌是中国传统文化复兴的标志。为推广汉语文化，中国政府在1987年成立了国家对外汉语教学领导小组（简称汉办），孔子学院就是由汉办承办的。它秉承孔子“和为贵”、“和而不同”的理念，推动中国文化与世界各国文化的交流与融合，以建设一个持久和平、共同繁荣的和谐世界为宗旨。不列颠哥伦比亚大学中文教授、加拿大中文协会会长陈山木先生是本计划的最早倡议者。中国国家领导人非常重视孔子学院的建设发展，许多孔子学院的授牌挂牌仪式都有国家相关领导人参加，2009 年习近平同志亲自参与挂牌仪式的就有 3 个，未来中国向世界出口的最有影响力的产品不是衣服、鞋子、彩电、汽车等有形物，而是中国文化。自 2004 年 11 月全球首家孔子学院在韩国成立以来，已有达到 300 家孔子学院遍布全球近百个国家和地区（美国及欧洲最多），成为推广汉语教学、传播中国文化的全球品牌和平台。

（三）将世界优秀文化“请进来”

中国文化的发展与繁荣，是世界文化发展的一部分，也必然从世界其他文化发展中汲取营养。从这个方面来说，我们要以更加自信的态度，积极从世界文化中寻找可以促进中国文化发展的一切资源。吸收和利用一切可以利用的人类文明成果，切实推动我国文化与世界文化的融合，以开放的姿态为世界文化的进步作出自己的贡献。所以，将世界优秀文化“请进来”，是文明中国建设不可缺少的重要环节。近年来，我国在文化产品和服务的引进方面，无论在层次上还是在规模上都实现了几何级数的增长，这不仅让国人不出国门就可以消费国外文化产品和服务，也为我们自身文化的改进提供了真实可靠的范本。

需要说明的是，我们现在的“请进来”，因为特定的时代因素，也就有了更为深刻的内涵。我们不再盲目地认为“外国的月亮都比中国的圆”，不加拣选地引入，也不会以意识形态为标准，给国外的文化产品都贴上各种标签。自主性与丰富性并存，是当前世界优秀文化“请进来”的最新特征。

相关链接

国家大剧院“开年大戏”锁定威尔第“大歌剧”

一首12分钟的咏叹调，排练了足足4个小时，如此“魔鬼式排练”，演员们不仅不喊累，反而觉得很过瘾，这就是国家大剧院2015年“开年大戏”——歌剧《阿依达》。该剧导演弗朗切斯科·米凯利携中外主演集体亮相，从不同角度讲述这一版《阿依达》的与众不同。《阿依达》是威尔第创作生涯后期一部极具艺术魅力的“大歌剧”力作，从首演至今140余年时间里，因其宏大的场面，对阿依达、拉达梅斯、安奈瑞斯爱恨纠葛的感人描绘，对人性的深刻思索以及充满东方色调的音乐语言，在歌剧历史长河中璀璨不朽，在世界各大剧院常演不衰。剧中，“凯旋”一幕尤为壮观，也是全剧最大看点。曾经有《阿依达》版本将真实大象请到了舞台上。在演员阵容上，祖宾·梅塔钦点曾在世界六大顶级歌剧院担任主角的中国女高音歌唱家和慧，与同样被全球各大剧院竞相邀约的男高音歌唱家豪尔格·德·莱昂，来领衔演绎这一爱情传奇。

权威声音

中国梦是奉献世界的梦。“穷则独善其身，达则兼善天下。”这是中华民族始终崇尚的品德和胸怀。中国一心一意办好自己的事情，既是对自己负责，也是为世界作贡献。随着中国不断发展，中国已经并将继续尽己所能，为世界和平与发展作出自己的贡献。

——习近平在中法建交五十周年纪念大会上的讲话

图书在版编目（CIP）数据

社会主义核心价值观·关键词. 文明/韩震总主编；李晓东编著. —北京：中国人民大学出版社，2015.4
ISBN 978-7-300-21050-6

Ⅰ.①社… Ⅱ.①韩…②李… Ⅲ.①社会主义建设-价值论-中国 Ⅳ.①D616

中国版本图书馆 CIP 数据核字（2015）第 067708 号

社会主义核心价值观·关键词
总主编 韩 震
文 明
李晓东 编著
Wenming

出版发行	中国人民大学出版社		
社 址	北京中关村大街 31 号	**邮政编码**	100080
电 话	010－62511242（总编室）		010－62511770（质管部）
	010－82501766（邮购部）		010－62514148（门市部）
	010－62515195（发行公司）		010－62515275（盗版举报）
网 址	http://www.crup.com.cn		
经 销	新华书店		
印 刷	天津中印联印务有限公司		
规 格	160 mm×235 mm 16 开本	**版 次**	2015 年 5 月第 1 版
印 张	7.25 插页 1	**印 次**	2021 年 11 月第 4 次印刷
字 数	85 000	**定 价**	28.00 元